強い国家の作り方

ラルフ・ボルマン
Ralph Bollmann

村瀬民子［訳］
Tamiko Murase

欧州に君臨する女帝
メルケルの世界戦略

DIE DEUTSCHE.
ANGELA MERKEL UND WIR

ビジネス社

DIE DEUTSCHE. ANGELA MERKEL UND WIR
by Ralph Bollmann

Japanese edition published by arrangement
with Literarische Agentur Michael Gaeb through The English
Agency (Japan) Ltd.

目次

はじめに

その言葉は、ＣＤＵ（ドイツキリスト教民主同盟）幹部会の際に閉め切られた扉の内側で発せられた。だがそれは、おそらくほとんどの公的な発表よりも、アンゲラ・メルケル首相がドイツ人についてどのように考えているかを示す発言だった。マスコミの前であれば、メルケルはそうは言わなかっただろう。その言葉は、ある個別の問題に関するものだった。メルケルは、長い間考え続けたことをこの件をきっかけに語ったようである。

「そうでなければ、ドイツはコメディアンの国になってしまいます」

とメルケルが言ったのは、二〇一二年七月一六日の月曜日のことだった。

先立つ六月末、ケルン地方裁判所がムスリムの少年の割礼を傷害罪に相当すると判断した。この判決を受けて、ユダヤ人にも同種の儀式があることから、大規模な公開討論会が行われた。参加者によれば「ドイツを、ユダヤ人が儀式を行うことのできない唯一の国にするつもりはありません」とメルケルは言ったという。

この問題についてマスコミは、割礼によって性感が損なわれるなど、三週間にわたり詳細に論じた。メルケルは、この論争は悪い意味でドイツらしいものだと考えた。メルケルの観点では、割礼の禁止は、あらゆる世界観と宗教が共存するプラグマティックで日常的な理性に矛盾するものだった。メルケルには、割礼をめぐる杞憂のさまざまは、神経過敏な――それも自分に無関係な事柄にとりわけ不安を感じる――西ドイツの人々のメンタリティに起因すると思われた。それでも結局のところユダヤ人の問題は、ドイツの国家理性の問題でもあるとメルケルは考えた。

ヒステリックなドイツ人、甘やかされたドイツ人、歴史を忘れたドイツ人――メルケルがそう感じたのは、単に割礼の問題だけだったのか？　一回だけ可笑《おか》しなことをしても「コメディアン」にはならない。ドイツ人の振舞いが、いつもひな形どおりだから、こういう診断が下される。「そうでなければ、ドイツはコメディアンの国になってしまいます」――この言葉にメルケル首相のドイツ人像が凝縮されているのだろうか？

メルケルの思考は、多くのテーマについて明らかに国民とは違う。しかし彼女は国民にとても人気がある。首相の抱える最も難しい問題である戦争か平和かの決断において、すでにそのずれが起きている。アメリカとの関係全般、とりわけアメリカ大統領との関係についても問題がある。内政に関してもそうだ。メルケルは、二〇〇三年、ライプツィヒＣＤＵ党大会で、過激な改革プログラムを主張した。二年後の選挙戦でメルケルは痛感した――この考えではドイツで多数派を形成できない。

ギリシャ債務危機のドラマが始まって以来、メルケル首相による改革の要請は、ドイツ国内からヨーロッパの他の地域に向けられるようになった。その結果、ドイツでは人気度が上昇した。経済危機に陥った諸国では、メルケルは欧州の調教師とみなされている。アメリカでも一時は、無為無策のために世界経済を崩壊の危機にさらす女性とみなされた。

第二次世界大戦以来、初めてドイツは、経済的にだけではなく、政治的にも再び指導力を持った国になった。そしてアンゲラ・メルケルは、それを体現する人物である。ユーロ危機が最高潮に達した時、イタリアのレプブリカ紙は「ドイツは、二回の世界大戦とホロコーストに続く四番目の罪を犯した」と論評した。

望むにせよ望まないにせよ、我々ドイツ人は、アンゲラ・メルケルと同一視されているし、我々の方も彼女と自分自身を同一視している。いたるところでメルケルは、良くも悪くもドイツ人そのものを表している。彼女の思慮深さや節約心、控え目な態度は、我々プロテスタントの遺産を体現している。メルケルについて世界が抱くイメージは、それを驚くにしても批判するにしても、ドイツ人全体について持つイメージによく似ている。両者のイメージは、ともに効率重視で原理原則にこだわるとみなされ、不器用で臆病な振舞いのために、冷淡で傲慢な印象も与えてきた。

東ドイツ出身のメルケルという女性は、そうしたドイツ人——とりわけ西ドイツの風潮に、長い間どうにも慣れることができなかった。一九四五年以降、全てにおいて正しくなければならない強烈な自意識や、不安や敏感さ、あるいは変化に対する拒否感といったものは、彼女には、旧東ドイツ体制の崩壊に比較すれば些細なことに思われた。三五歳になるまで西ドイツ国民には非常に異質な世界に生きてきたメルケルは、ある意味では自分の国にいながら移民だった。それはまた、他のヨーロッパ諸国より時代遅れな男女観に留まったドイツという国で、女性としてメルケルが果たした役割にも当てはまる。

そうこうするうちに、メルケルは、我々ドイツ人の感情の働きを、ほとんど完璧に把握した。我々がどんなに原子力発電所の見えない放射能を怖がっているかに気づくと、彼女は原子炉をシャットダウンする。ドイツの兵士を危険地域に派遣するのが好まれないとわかると、メルケルは、国連の安全保障理事会で新規の軍事介入に賛成することもない。我々ドイツ人が資本主義に批判的だと悟ると、メルケルは、最低賃金の設定を選挙公約に加える。だからこそメルケルは、先の総選挙後に告げたように、「すべてのドイツ人のための首相」なのである。

本書のための基礎知識

①

ドイツの5大政党は以下のとおり。色は各党のシンボルカラーである。

・ドイツキリスト教民主同盟／キリスト教社会同盟（CDU／CSU） 黒色
・自由民主党（FDP） 黄色
・ドイツ社会民主党（SPD） 赤色
・緑の党　緑色
・左翼党　赤（赤紫）色

②

東西再統一の1990年以降のドイツでは、西ドイツや東ドイツという表記をする場合、たとえば我が国でも東日本や西日本といわれるように、地理上の位置を指す本来の意味で用いられる例が多い。

③

緑の党は、2011年のバーデン＝ヴュルテンベルク州の州議会議員選挙で24.2％の得票を獲得した。この選挙では、福島第一原子力発電所事故の影響で高まった反原発への世論の高まりもあり、原発政策が争点だった。選挙の勝利によりCDUが58年間続いた同州の首相に、緑の党ヴィンフリート・クレッチュマンが就任した。緑の党が州首相の地位を得るのは、これが初めてだった。

ドイツ戦後史概略

1945年~1948年　ドイツの分割占領

第2次世界大戦中の1945年6月5日に発表された「ベルリン宣言」により、ドイツの敗北と連合国軍（アメリカ・ソビエト連邦・イギリス・フランス）によるドイツ占領統治が決まった。首都ベルリン市内もこれら4カ国で分割された。

ドイツは東部領土を失い、東プロイセン地方はポーランドとソビエト連邦に割譲された。これらの東部領土や占領地にいたドイツ人は追放され、西ドイツ側の国土に移住した。

1948年、米英仏占領地区（トライゾーン）で通貨改革を行うと、これに対抗したソ連がベルリンの米英仏占領地区へ繋がる陸路を完全に遮断する「ベルリン封鎖」を行う。アメリカは食料物資を空輸する空輸大作戦を敢行して封鎖を破るも、やがて、アメリカおよび西側諸国とソ連の反目が常態化し、「冷戦」状態になり、東西分裂は固定化される。

1949年　東西両ドイツ建国

東西冷戦の対立が進む中で、1949年、米英仏占領区にはドイツ連邦共和国（西ドイツ）、ソ連占領区にはドイツ民主共和国（東ドイツ）が建国された。これにより、ドイツ国家と民族は東西に分断された。西ドイツは自由主義と資本主義の道を歩み、東ドイツは共産主義の国となる。

ドイツ連邦共和国の初代首相コンラート・アデナウアー（キリスト教民主同盟／CDU）は、キリスト教社会同盟（CSU）や自由民主党（FDP）などと連立を組み、第1次政権（1949年9月）から第5次（1963年10月）まで長期政権を維持する。

1961年　ベルリンの壁構築

初代首相コンラート・アデナウアーは、当初「一つの国民、一つの国家」というハルシュタイン原則（東ドイツ政府を認めない政策）に従って外交政策を展開、東ドイツの孤立化・崩壊政策を進めたため、東西ドイツ両国の関係は緊迫し、東ドイツは1961年にベルリンの壁を建設する。ベルリンの壁は、東ドイツ内に存在する自由主義の島となったベルリン市内への東ドイツ国民の流出を防ぐためのものであった。以降、ベルリンの壁はドイツ分断と東西冷戦の象徴となった。

1960年代　エアハルトの奇跡

アデナウアーの次に政権を担ったのは、アデナウアーのもとで経財相として「エアハルトの軌跡」といわれる高度経済成長を成し遂げたルートヴィヒ・エアハルト（キリスト教民主同盟／CDU）。エアハルトは 第1次 政権の1963年10月から第2次の1966年12月まで首相を務め、西ドイツの経済力を高めるのに大きく寄与した。

1970年代　ブラント首相の東方政策

1970年代になると、アデナウアーの推進した東ドイツ敵視政策が時代に合わなくなり、西ドイツ第4代首相のヴィリー・ブラント（社会民主党／SPD）が東西融和の方針「東方政策」を提唱。東西ドイツ両体制を認める「一つの国民、二つの国家」を定着させた。これにより、東西ドイツ両国は関係を正常化させ、ドイツ連邦共和国とドイツ民主共和国は1973年、共に国連に加盟する。

1989年~1990年　ベルリンの壁崩壊とドイツ再統一

1989年、ポーランドと（6月）とハンガリー（10月）で非共産党国家が成立、いわゆる「東欧革命（1989年革命）」が起きた。東ドイツにもその大波が押し寄せ、同年11月9日、ベルリンの壁が崩壊する。翌1990年10月には東ドイツが崩壊し、東ドイツの領土はドイツ連邦共和国に編入されてドイツの再統一が成り、分断国家の歴史に終止符が打たれた。

なおこの年、東欧ではその後も国家体制の変革が進み、11月のチェコスロヴァキアのビロード革命を経て、12月にはルーマニアのチャウシェスク政権が崩壊した。

1991年~現在　EU発足　盟主の地位へ

1991年12月25日、東西冷戦の一方の旗頭であったソ連が崩壊、冷戦時代が終焉する。1992年にはマーストリヒト条約（欧州連合条約）が発効して欧州連合（EU）が発足、単一通貨ユーロの創設と共通の安全保障政策などの導入が決められた。以降、ドイツは欧州の中核国として存在感を増すこととなった。

国内政治は、ヘルムート・シュミット（社会民主党／SPD）を経て、ヘルムート・コール（キリスト教民主同盟／CDU)、ゲアハルト・シュレーダー（社会民主党／SPD）と続き、シュレーダー政権の時、初めて緑の党が政権に参加した。

そして2005年11月の総選挙で、アンゲラ・メルケル（キリスト教民主同盟／CDU）第1次政権が発足。2013年12月にはメルケルの第3次政権が生まれ、現在に至る。メンケルの政治を特徴づけるのは、その時々の政権政党の組み合わせの変幻自在さにあり、あざやかな手腕を見せている。

対外的には欧州の結束を強める政策（ヨーロッパ主義）であり、隣国フランスとの関係強化を進め、欧州合同軍を設置するなどNATOとEUの強化を指向する。対米関係では、1990年の湾岸戦争への派兵に反対したが、2001年のアメリカ同時多発テロに際してはアメリカを支持、アフガン進攻にも参戦した。しかし、2003年からのイラク戦争ではフランスやロシアとともに反対し、派兵を拒否してアメリカとの関係が冷え込んだこともある。2010年のギリシャ危機、2013～2014年にかけてのシリア内戦やウクライナ紛争、パレスチナ問題などでも、ドイツとメルケルの存在感が増している。

ドイツ連邦共和国の歴代首相

第1代	コンラート・アデナウアー Konrad Hermann Joseph Adenauer キリスト教民主同盟（CDU）	第1次～第2次連立政権 1949年9月～1957年10月 キリスト教社会同盟（CSU）・自由民主党（FDP、1956年2月に政権離脱）・ドイツ党 第3次連立政権 1957年10月～1961年11月 キリスト教社会同盟（CSU）・ドイツ党 第4次～第5次連立政権 1961年11月～1963年10月 キリスト教社会同盟（CSU）・自由民主党（FDP）
第2代	ルートヴィヒ・エアハルト Ludwig Wilhelm Erhard キリスト教民主同盟（CDU）	第1次～第2次連立政権 1963年10月～1966年12月 キリスト教社会同盟（CSU）・自由民主党（FDP）
第3代	クルト・ゲオルク・キージンガー Kurt Georg Kiesinger キリスト教民主同盟（CDU）	連立政権（1期のみ） 1966年12月～1969年10月 社会民主党（SPD）・キリスト教社会同盟（CSU）（大連立政権）
第4代	ヴィリー・ブラント Willy Brandt 社会民主党（SPD）	第1次～第2次連立政権 1969年10月～1974年5月 自由民主党（FDP）
第5代	ヘルムート・シュミット Helmut Heinrich Waldemar Schmidt 社会民主党（SPD）	第1次～第3次連立政権 1974年5月～1982年10月 自由民主党（FDP、1982年9月に政権離脱）
第6代	ヘルムート・コール Helmut Josef Michael Kohl キリスト教民主同盟（CDU）	第1次～第5次連立政権 1982年10月～1998年10月 キリスト教社会同盟（CSU）・自由民主党（FDP）
第7代	ゲルハルト・シュレーダー Gerhard Fritz Kurt Schröder 社会民主党（SPD）	第1次～第2次連立政権 1998年10月～2005年11月 同盟90/緑の党
第8代	アンゲラ・メルケル Angela Dorothea Merkel キリスト教民主同盟（CDU）	第1次連立政権 2005年11月～2009年10月 社会民主党（SPD）・キリスト教社会同盟（CSU）（大連立政権） 第2次連立政権 2009年10月～2013年12月 キリスト教社会同盟（CSU）・自由民主党（FDP） 第3次連立政権 2013年12月～現在 キリスト教社会同盟（CSU）・社会民主党（SPD）（大連立政権）

2000年	2月にヤミ献金問題によって辞任したショイブレを継いで、4月の党大会でキリスト教民主同盟（CDU）党首に就任。
2005年	シュレースヴィヒ＝ホルシュタイン州とノルトライン＝ヴェストファーレン州の州議会選挙でキリスト教民主同盟（CDU）が勝利。同年9月に行われた連邦議会選挙で、メルケル率いるキリスト教民主同盟（CDU）・キリスト教社会同盟（CSU）連合は、ゲルハルト・シュレーダー首相率いる社会民主党（SPD）・緑の党連合に勝利する。 しかし過半数には届かず、キリスト教民主同盟（CDU）・キリスト教社会同盟（CSU）・社会民主党（SPD）の3党による連立協議の末、11月22日、メルケルは女性として、そして旧東ドイツ出身者として初となるドイツ連邦首相の座に就く。
2009年	9月の連邦議会選挙でキリスト教民主同盟（CDU）・キリスト教社会同盟（CSU）が勝利。メルケルは社会民主党（SPD）との大連立を解消し、新たに自由民主党（FDP）と連立政権を樹立することで合意し、10月28日に第2次メルケル政権が発足する。
2011年	3月11日に発生した東日本大震災による福島第一原子力発電所の事故をきっかけに、ドイツ国内でわき上がった脱原発の機運の高まりを受けたメルケルは、5月30日に「2022年までに国内17基の全原発を閉鎖」という方針を示す。
2012年	10月、2010年に発覚した金融危機後、メルケルは初めてギリシャを訪問し、経済支援していくことを表明。
2013年	9月に行われた連邦議会選挙後、キリスト教民主同盟（CDU）・キリスト教社会同盟（CSU）と社会民主党（SPD）で再び大連立を組むことになり、12月17日に第3次メルケル政権が発足。
2014年	ブラジルで開催されたサッカーのワールドカップを現地で観戦し、ドイツ代表の優勝に立ち会う。

メルケル略歴

1954年	西ドイツのハンブルクで、牧師の父と、英語・ラテン語教師の母との間に生まれる。同年、父の転勤に伴い家族で東ドイツへ移住する。
1973年	カールマルクス・ライプツィヒ大学（現ライプツィヒ大学）に入学し物理学を専攻。
1977年	同大学在学中に同じ学部のウルリッヒ・メルケルと結婚（その後、1982年に離婚）。
1978年	同大学卒業後、東ベルリンにある科学アカデミーに就職し、理論物理学を研究。のちに夫となるヨアヒム・ザウアーと出会う。
1986年	博士号を取得。
1989年	「ベルリンの壁」崩壊後、科学アカデミーを辞職し「民主主義の出発」の結党メンバーとなる。
1990年	東ドイツで行われた最初で最後の自由選挙後、東ドイツ最後のロタール・デメジエール政権で副報道官に就任。その後、西ドイツで開かれたキリスト教民主同盟（CDU）の党大会に出席し、党首で同国首相だったヘルムート・コールと初めて出会う。 10月3日の東西ドイツ統一後、同党に入党し、12月の連邦議会選挙で故郷メクレンブルク＝フォアポンメルン州から出馬して初当選を果たす。
1991年	第4次コール政権の女性・青少年問題相に就任。
1993年	メクレンブルク=フォアポンメルン州の党支部代表に就任。
1994年	第5次コール政権で環境・自然保護・原発保安担当大臣に就任。
1998年	連邦議会選挙で歴史的大敗を喫したコール政権が崩壊し、キリスト教民主同盟（CDU）は野党へと転落。 後任者として同党党首に就任したヴォルフガング・ショイブレの抜擢で、メルケルは幹事長に就任。その後まもなく、現在の夫である大学教授のヨアヒム・ザウアーと結婚する。

ドイツの州と主な都市・地方

シュレースヴィヒ＝
ホルシュタイン州
シュトラールズント
メクレンブルク＝
フォアポンメルン州
ハンブルク
ブレーメン
エムスラント
ウッカーマーク
ニーダーザクセン州
ベルリン
ブランデンブルク州
ハノーファー
ザクセン＝
アンハルト州
ノルトライン＝
ヴェストファーレン州
ライプツィヒ
エアフルト
ザクセン州
ケルン
ドレスデン
ボン
チューリンゲン州
ヘッセン州
ラインラント＝
プファルツ州
フランクフルト
ルートヴィヒスハーフェン
ニュルンベルク
ザールラント州
ハイデルベルク
カールスルーエ
バイエルン州
シュトゥットガルト
バーデン＝
ヴュルテンベルク州
ミュンヘン
ヴォルフラーツハウゼン

第1章　旧東ドイツ出身の、オペラ好きな女性物理学者

メルケルはワーグナーの愛好家

あなたや私のような普通の人が、メルケル首相にひと目会いたいと思うなら、オペラや演劇の鑑賞に出かけるのがよいだろう。アンゲラ・メルケル本人が、夫のヨアヒム・ザウアーの隣でリヒャルト・ワーグナーのオペラを楽しんだり、国会の文化担当委員長に連れられて、ゲルハルト・ハウプトマン作の演劇を観賞するのは、きわめて巧みな「普通さ」の演出なのである。ボディガードは背後に控えたまま、アンゲラ・メルケルは、できるだけさりげなく、お付きの者と一緒にゆっくり、オペラ座のロビーを歩いている。彼女以外の観客は、横目でちらりと見

て、ひそひそ噂するにとどめる。自分が注目の的であり、話題になっているのを、メルケルは知っている。しかし、せめてこういう教養のある観客の中では、表面だけでもさりげなく振舞うことも芝居のうちなのである。

二〇一二年一〇月二八日——宗教改革記念日の前の日曜日——にも、そんなことがあった。ベルリン・ドイツ・オペラでは、ワーグナーのオペラ《パルジファル》が、新演出になる第三回目の上演が行われ、オペラ座一〇〇周年を祝っていた。主役は、天使のように美しい声質を持つ、若いテノール歌手クラウス・フロリアン・フォークトである。演出家は、フィリップ・シュテルツル。元ベルリン州の文化相で、現職の州首相（ＣＤＵ）のクリストフ・シュテルツルの息子である。休憩時間には、父親のシュテルツルが、得意満面に首相と同じテーブルに着席していた。その長いテーブルは、劇場ロビーの大階段の裏に、支配人が特別にあつらえさせたものである。そこだけはまるで、ＣＤＵ党大会のレセプションが開催されているかのようであり、さりげなく、とはいかなかった。

きわめてドイツ的な作曲家であるリヒャルト・ワーグナーを、メルケル首相は長い間愛好してきた。彼女が初めてバイロイト音楽祭を訪れたのは一九九一年だった。「ワーグナーに関しては、私の夫から学びました」と、あるインタビューで語り、実際に、化学を専門にするザウアー教授がメルケル首相とともにオペラ鑑賞に出かけている。メルケルがとりわけ好きな演目は《トリスタンとイゾルデ》――第二幕はベネツィアで執筆された――であり、そのわけを「最初の音から窺《うかが》われるその苦い結末」と二〇〇五年に述べている。よりにもよって、メルケルのようなプラグマティストが、この種のはかなさに熱狂するとは奇妙に思われる。だが、おそらくはその苦い結末の危険性を知っているからこそ、物事をしっかり管理するのを好むのだろう。

しかし、さらに驚くべきは、ワーグナーへの愛を表すその方法である。彼女は、バイロイト音楽祭の開幕公演に出席したドイツ初の首相である。彼女以前の首相は誰も、歴史的に負の印象を持つバイロイトに足を踏み入れなかった。例外的に、ゲルハルト・シュレーダー首相（当時）が日本の首相とともに、バイロイト音楽祭の一演目を観賞している。ドイツ連邦共和国初代首相のコンラート・アデナウアーと初代連邦大統領のテオドーア・ホイスは、戦後の音楽祭に距離を取っていたことがよく知られている。連邦大統領のヴァルター・シェールは、一九七六年にバイロイト音楽祭が一〇〇周年記念を祝した時、あからさまに距離を置いた。彼は、「よくよく調べてみる」と述べ、ワーグナーの音楽劇は他の芸術家の作品よりも高度な認識を与えるものではないし、バイロイトは「世界の精神的な中心地」でもないとの認識を示した。ドイツの政治家は、バイロイト音楽祭に関わるつもりはなかった。かつてのバイロイト音楽祭の主催者ヴィニフレート・ワーグナーは、ナチ時代の終わり頃に、アドルフ・ヒトラーを熱狂的に崇拝していたことで知られている。

かつてウッディ・アレンがうまいことを言った。ワーグナーを聴くと「ポーランドに進軍する欲望」を感じる、と映画「マンハッタン殺人ミステリー」の中で言ったのだ。メルケルがそんな欲望を感じるとは、とても思えない。それは、彼女の祖父がポーランド出身のため、「四分の一はポーランド人」であると二〇〇〇年にシュピーゲル誌に報じられたからだけではない。熱情的なところは全然ない彼女の人柄に加え、権勢を拡大しようという欲も見られないので、EUの債務危機においてドイツが他のヨーロッパ諸国を指導する役割もわりあい容易に果すことができた。歴史的な政治家として、いまだに評価の定まらないヘルムート・コールの場合、ポーランドの西部国境を長い間躊躇した末、とうとう一九九〇年に承認したが、彼なら、その下心を危ぶまれただろう。シュレーダーにも同じことが言える。シュレーダーは、いわばベルリン共和国の新しい自意識を、時には非常に露骨に表現したのである。

ヒトラーは音楽には素人で誤解もあったからこそワーグナーの登場人物にあれほど陶酔したのだが、メルケルは明らかにそうではない。かつて、あるインタビューにおいて、《パルジファル》に登場するクンドリーのように、この仕事に「一身を捧げる」つもりかと質問されたが、この時メルケルは、質問の意味がわからないと返事している。というのも、二〇〇五年の選挙に立候補した際、彼女はドイツに奉仕するつもりだったのであり、念頭にあったのは、ワーグナーではなく、「国家第一の下僕」であるプロイセンのフリードリヒ二世だった。

ワーグナーファンであることが世間に注目されると、メルケル首相の評価は最低になった。そうでなくとも地に堕ちていたのが、さらに落ち込んだのである。メルケルが《トリスタンとイゾルデ》の中の運命的なものについて深く考えずに発言したとは思えないし、ワーグナーについて語る時に、《指環》四部作にみられる権力を追い求める神々の冷酷で利己的な論理のことを考えなかったとも思えない。ひょっとしたら、ＣＤＵ党内のメルケル批判者は、ヴァルハラとニーベルハイム（いずれもワーグナーのオペラにある地名）の住人たちが相争いながら滅亡していく運命を学ぶべきだったかもしれない。イタリアの作曲家ジュゼッペ・ヴェルディならば、人間の深淵を完全に理解したとしても、政治的にはワーグナーよりずっと理性的だったから、現実的な処世術で誰にも恐怖感を与えなかっただろう。ともあれ、文化に関するメルケル首相の興味関心のなかでは、ワーグナー趣味だけがこのように注目を集めた。ベルリンの他の催し物やザルツブルク音楽祭を訪れても、ほとんど知られることはなかったのである。

ワーグナーへの愛をメルケルが堂々と表現し続けたことは驚嘆すべきである。ドイツ人はたいてい、自分の国の政治家がハイカルチャー志向を公に見せると不信感を持つ。二〇〇八年にハンブルク市長のオーレ・フォン・ボイストが緑の党と連帯した時、「オペラファンの連帯」と議会が中傷した。そのためフォン・ボイストはオペラへの関心を否定した。「自慢するわけではないが、私の人生でオペラを見たことは片手で数えられるぐらいです。最近ではバロックオペラだったかと思います。何にしてもかなり長かった」。

学者出のメルケル首相は、ボイストとはまったく反対に、ポップカルチャーにすり寄っていない。ワーグナーに関するインタビューで、「私には、ポップミュージックとそれほど違うわけではありません」と語っている。彼女には、午後のトークショーのほうが、一晩かけてワーグナーのオペラを観るよりも疲れると思われる。ヨーロッパの平土間席でも身体的に強靭な持久力のおかげで平気だったメルケルにとって、五時間の上演がいったい何だろう？

サッカーについての関心は積極的に表明している。スタンド席での熱狂ぶりを、事前に練習したのかと質問されて、首相は珍しく少し怒った様子を見せた。一九七四年五月、メルケルが一九歳の学生の時に、ＤＤＲ（ドイツ民主共和国＝旧東ドイツ）がイングランドと試合を行った際、ライプツィヒのスタジアムで観戦したこともあり、「サッカーを見るのはいつも楽しい」と答えている。

南ドイツ新聞が発行する雑誌上では、「ディナーパーティに誰を招待するのが好きですか?」と、元テニス選手のボリス・ベッカーがメルケル首相に質問した。メルケルは「私は、ディナーパーティは致しません」ときっぱりと言った後で、「でも、お夕飯にヴィセンテ・デル・ボスケをお招きしたいですね」と返答した。これはサッカーに関する初めてのコメントだった。おそらくメルケルはそれまで、スポーツの分野で自分の人生観に似た人間を見出すことはほとんどなかったのだろう。

このスペイン人監督は、代表チームをまず世界チャンピオンにし、二年後にはヨーロッパチャンピオンに導いた。サッカーの世界で彼はヨーロッパ政治におけるメルケルのような存在だったのである。六三歳になるにもかかわらず、彼は依然としてマドリードの団地に住んでいる。「ヴィセンテ・デル・ボスケは、内なるルールを見失ったことがない。いつも親切で自分と他人との関係性をよくわかっているのだ」と二〇一〇年のワールドカップの際にあるスポーツ紙の記者が書いた。その記事からボスケの言葉を彼女は引用した。「頭が良く、謙虚な者だけが勝利する」。

メルケルとグッテンベルク事件

メルケルの先輩はたいてい、常に控えめな態度を保ってきた。レーンドルフにあるアデナウアーの住居にしても、ヘルムート・シュミットのブラーム湖畔の別荘にしても、ヘルムート・コールのオッゲルスハイムの暗いバンガローにしても、贅沢の気配はほとんどない。彼らの伝記でもドイツの宰相の謙虚な出身を目立たせている。選挙民もそれを評価した。選挙民は、若くしてトップに上った政治家には、時に独特な例外を求めるようである。フランケン地方の男爵カール＝テオドール・ツー・グッテンベルク（元環境大臣）の貴族的な振舞いは、大目に見られただけではなく、賛嘆の対象でもあった。一族の財産があるから、成り上がり者には手の届かない自由が彼にはあるのだと評価されていた。

ゲルハルト・シュレーダー前首相が、この「バイエルン出身の男爵」について見下したコメントをした時、まじめな地方紙は、前首相を「礼儀知らずの成金」と非難した。こうした時に、ドイツの社交界の根本的な特徴が明らかになる。つまりは、良い生まれの者が頂点に立つのが当然であり、自力で肩書を得た者は、思いあがりかエリートにすぎないのだ。しかしグッテンベルクは、相続したものもあるが、博士号も手に入れるべく努力したのであり、市民的な能力社会の規範を完全に満たしたわけではなかったにしても、選挙民は彼を受け入れたように見えた。

グッテンベルクが大出世した後に没落した顛末《てんまつ》は、テレビドラマになって放映され、高い視聴率を稼いだ。その中でメルケル首相は、ほんのわずかなシーンにしか登場しないにもかかわらず、主人公も同然だった。「カタリーナ・タールバッハが天才的に演じたアンゲラ・ムールケル（アンゲラ・メルケル）は、こっけいで、のろまなキャリアウーマンであるにもかかわらず、実はきちょうめんで思慮深い」とある批評家は書いた。「彼女は鍋から料理をお玉ですくって食べ、夕飯にはパンもなしにソーセージを食べた。ちょっと変なところもあるが、とても人間らしい。時にはまちがえることもあるが、『大学教授』の旦那がそっとフォローする。朝食のテーブルでの決定がこの国を統治し、それ以外の政治とは、お皿からこぼれたパンくずなのである」。

フランケン地方出身の見かけ倒しだった男の事件の後、このウッカーマーク出身のプロテスタントの女性は、いっそう輝いたのである。その時、彼女はグッテンベルクを擁護した。たとえ言葉がまずかったにせよ、彼を「研究助手」として任命したのではないのだと。権力政治としては全くもって正しかった。男爵の大臣の椅子に自分から鋸《のこぎり》を引く素振りを避けたからこそ、事件後もメルケル自身の威信は失墜しなかった。元教育・研究相アネッテ・シャーヴァン（在任二〇〇五～二〇一三年。グッテンベルクと同じく博士論文盗用疑惑により辞任）は、メルケルに信頼されていたが、こうした閣僚のあやまちのために「内々にではなく」恥じ入ることになり、その調停は後になって高くついたのだった。

メルケルにとって幸運なことに、政治的な競争相手たちは、月日が経つにつれて、彼女の慎ましい生き方を好意的にライトアップするような振舞いをしていった。クリスティアン・ヴルフ大統領の場合、あのグッテンベルク事件に続き、その一年後には、私的な関係と公務との境目をあいまいにしてしまった。さらに一年後には、ＳＰＤ（ドイツ社会民主党）党首候補の副収入をめぐる審議があり、他と比較すればささやかな副収入であったメルケルは、この時も得をしたのだった。

プロテスタント風の慎ましい暮らしぶり

もし政治的な配慮をしなくてもよいならば、大金のかかる生活スタイルを努力して得る値打ちはないとメルケルは思っているようだ。メルケルは、旧東ドイツの市民だったので、資本主義と自由市場経済を賛嘆する気持ちを持ち、演説でも中国やブラジルとの競争を強調し、そしてユーロ危機ではヨーロッパ大陸全体に能力主義を教えようとする。つまり、大富豪と華やかな美人たちの派手な生活に同意する気はあまりない。きわめて男性的な世界である経済界の重鎮たちと親しく交際するのは、当初は女性だからという理由で拒まれた。この経験により、東ドイツ出身の女性物理学者であるメルケルは、経済エリートを盲目的に感嘆することがなくなった。

二〇〇八年四月にメルケルは、ドイツ銀行頭取ヨーゼフ・アッカーマンの六〇歳を祝う晩餐会を主催した。だが今となっては、もはやその種の祝賀会を開くことはないだろう。リーマンショックのほんの数カ月前までは、「銀行家」という言葉はまだ罵言《ばげん》ではなかったし、経営者寄りの党内のグループに、メルケルは経済に理解がないと批判されていた。そのパーティは、豪奢な「銀行家の宴会」としては、まともな観察対象に入らない。調査でわかったところによれば、その晩餐会のメニューは、ベーリッツ産のアスパラガス（比較的高級品）と子牛のシュニッツェルである。少々お高い旬の野菜は地元の農家から直送された。シュニッツェルに用いる肉は、市場のもので一キログラム当たり一六・七九ユーロ（約二三〇〇円）だった。
たいていの経済界の長とは異なり、メルケルは贅沢な生活に依存することに意味があるとは思っていない。ベルテルスマンとカールシュタット（いずれもドイツ屈指の大企業）の元経営者であるトーマス・ミデルホーフは、退職後に自分のメインバンクの口座が凍結され、明け渡すことになったので告訴に及んだ。彼の生活を維持するには毎月およそ七万ユーロが必要だからという理由である。その額は、ドイツのビーレフェルトに住み、夏には南フランスのリゾート地コートダジュールに滞在し、使用人と庭園の手入れの費用も含めた維持費を算出したものである。

それに比べてアンゲラ・メルケルは、市場経済の賛美者ではあるが、むしろプロテスタント式の慎ましい暮らしぶりである。彼女の別荘はコートダジュールではなくウッカーマークにあるのだ。そこには桟橋に停泊するヨットはなく、車庫にＶＷのゴルフが入っているだけである。贅沢な食事を調えるシェフは雇われていないので、今もメルケル自らじゃがいものスープを作っている。ときおりメルケルはイケア（家具チェーン店）で買い物をするが、そこでは皆と同じくレジの行列に並び、サインを求められると普段は断ることにしている。最近はマニュファクトゥム（無印良品に似た雑貨店）でよく買っている。それは彼女を緑の中間層に結びつける。しかし依然としてミデルホーフのやりすぎからはかけ離れている。そうしてメルケルはドイツ人の欲求を満足させる。ミデルホーフの生活スタイルを分配の問題にするばかりではなく、美的な問題を提示しているのである。

似たようなことは、メルケル首相のバカンスの過ごし方にもいえる。夏の長期休暇はたいてい南チロル、オルトラー連峰（最高峰は標高三九〇五メートル）のふもとにある人里離れたズルデンで過ごす。その地では、客室数が全部で三〇しかない小さなホテルに滞在するのだが、そのホテルで一番高いツインベッドルームはハイシーズンでも二食付きで一八八ユーロである。イースター休暇を過ごすのは、イタリア・イスキアの南岸にあるホテルであり、これはたしかに少々高額であるが、ベルルスコーニがサルディニアのコスタ・スメラルダに持っている邸宅の豪華さとは比べものにならない。メルケルはゴルフをしないので、夫とともに山歩きをする。休暇の間は、彼女は外の世界からうまく守られている。それと同時に毎年のように彼女が山歩きをする写真が報道される。

以前はよく、夏山トレッキングの服装をしている写真が見られたものである。この数年は、メルケルが夏の休暇の間も、ベルリンでの執務中に着る上着を身につけている写真がたくさん報じられた。その上着は、メルケルのクローゼット――その中にはまるでズーアカンプ社（学術・教養系の老舗出版社）の文庫のように、色とりどりの服が揃えられていた――から明るい色を選んだものである。それはまた、メルケル首相が南チロルにいてもヨーロッパ救済のために働いているのだという繊細なシグナルでもあった。官邸からおよそ七〇〇キロの隔たりは、携帯電話で結ばれていた。その数年は、おそらくベルリンに張り付いたほうが、ストレスは少なかっただろう。しかしながら、外出をあきらめるのは、政治家にとって決してよい考えではない。自主性がなく神経質だという印象を持たれてしまう。例年の習慣を変更すれば、株価が不安定になるかもしれない。ヨーロッパで最も権力を持つ女性は、ユーロを救済するために、自分の休暇をも市場に合わせたのだった。

この年、イタリアのマスメディアは、夏のバカンスを海岸で過ごすことのできない気の毒な人々のことを報じていた。だが彼らはそれを知られたくなかったので、自分の家に数週間閉じこもっていたのである。生活必需品をあらかじめ買い込み、雨戸を閉め、床を忍び足で歩いた。重要なのは隣近所からみて社会の慣習を満たしたことである。まったく反対の行動ではあるが、政治家は、このイタリアの話のように振舞う。政治家もまた休暇中のふりをする。平穏な時期でさえ連邦刑事局の随行者が付き、常に官邸と繋がれたこの種の滞在は、普通の市民が考える休暇ではないのだが。この点では、どんなに努力してもメルケル首相の「普通さ」とは強いられたものなのである。

官邸に入った初めての女性によって、ようやくドイツでもわかったことは、会話や食事によって政治を行うやり方である。のちにアンゲラ・メルケルは、「私たちが二〇〇八年秋に銀行救済策を論じた時、私はオフィスでレンズ豆のスープを食べていました」と意図的に漏らした。この発言に隠された意味は、二、三年前にイタリアで出版された本を読むとよくわかる。『国会議員の食卓』と題されたその本には、イタリアの政治家のインタビューが掲載されている。そこで論じられた最も重要な問題は、左翼の食事や右翼の食事というものがあるのだろうかということである。

イタリアの共産党による長期政権の首長ファウスト・ベルティノッティの話には、メルケルの党の保守派たちは非常に困惑するだろう。ベルティノッティが言うには、「好みの偏《かた》よる食事や、地域に固く結びついた食事は左翼のものです」「今日では、文化的な洗練とともに、やせた人の料理が美食よりも盛んです。それは貧乏人が金持ちに勝利したということです」。その本でしばしば「左翼」といわれる食事は、パスタ・アマトリチャーナという、ベーコンとトマトとタマネギのソースのスパゲティである。それはドイツでいうレンズ豆のスープのような質素なものである。内容をみると、料理時間をかけない倹約家の食事である。例えばベーコンならば豚の背の脂の少ない部位を用いる。それが重要なのだ。豚の腹の脂身ならば正しくない。

ヘルムート・コールが一九八二年に首相になってから、多くが変わってしまった。彼は、豚の胃袋に具を詰めた料理が好物だったが、これはいわば、当時の保守派たちの意地の張った様子を表していた。豚の胃袋料理とプファルツ産のワインよりも、イタリア料理やピノ・グリージョ（イタリアの白ワイン）を好んだ政治家は、進歩的で世故に長けた人物だった。それは、二〇一三年五月に逝去したローマの政治家ジュリオ・アンドレオッティである。コールと同世代で少し年上の彼は、イタリアの戦後政治において、悪魔のように陰で糸を操っていた。彼は伝統色豊かな郷土の料理をも政治的な情勢に結びつけた——モツ煮込みは右翼、オックステールシチューは左翼というように。

緑の党によるスローフードの推進運動が流行する以前にも、政治の傾向はこのように分類されていた。今日ではオックステールやモツは、マクドナルドやブラッスリー・ポール・ボキューズ（フランス料理店）に対抗するために一致協力している。それは、土着のものがグローバルな単一性に対抗しているのであり、新市民主義が新自由主義に対抗している。

このような土着性は、外国では誤解されるかもしれない。パリ特派員はよくメルケルとハツカダイコンの話をする。政府主催の極上の祝宴で、メルケル首相は、ジャーナリストたちのためにバックグラウンドスピーキングの時間を設けた。テーブルには赤いハツカダイコンが並んでいた。メルケルはそのうちの一つを取り——フランスの代表記者が驚愕したことには——まるでレバーのパテや帆立貝などよりも美味であるかのように、ぱくりと食べたのである。おそらくそれは、無教養さを示したというよりも、ストレスに耐えるためのメルケルの戦略だろう。そういった場合に準備されたオードブルを断ることはほとんどできないのであり、フランスのメルケル伝に書かれた「責任の重さに丸くなった」体のラインというのは、メルケルだけのものではない。こうしたマナーの問題が、選挙キャンペーンで有権者に囲まれた際に生じても、メルケルはただ庶民的に振舞うだけである。

気さくなウッカーマークの主婦

メルケルは、個人的に話をする時には、名士であることを忘れることのできる政治家である。メルケルは、ジャーナリストの質問に自分の弱みをはっきり公開する。しかし、外国での首脳会談に赴く途中の狭い機内席で、ベルリン・ブランデンブルク州の投票予想や世界情勢を説明する時にも、権力政治的な態度は彼女には全くない。コーヒーの入った紙コップを手に、気楽な機内の服装である。その服は、黒か紺のニットジャケットに黒いパンツスタイルで、楽な黒いバックスキンの靴である。レポーターがうっかりして靴下がずり落ちて脚が見えているとすれば、首相のほうがほとんど恥ずかしい気持ちで上を見上げることもあるかもしれない。そのような状況では、世界で最も権力のある女性というよりは、ウッカーマーク（ブランデンブルク州）の主婦である。地に足をつけることを忘れない女性である。

「なぜ、私があのときアンゲラ・メルケルがドイツ初の女性首相になるとは思いもしなかったのかについては、たくさんの理由がありました」とミヒャエル・シントヘルムは、議会選挙直後の二〇〇五年にターゲスツァイトゥング紙上に書いている。劇場のマネジャーであるシントヘルムは、一九八〇年代に物理化学中央研究所のアードラスホーフの仮設舎でメルケルの隣の部屋の同僚だった。彼は、今日首相になった彼女の過去を公に語る数少ない古くからの同僚である。

「我々の部署の雰囲気はいつも和やかなものだった」とシントヘルムは言う。「その研究所で過ごした二年半のなかでも、コーヒータイムがとりわけ幸福で有益なひとときだった。コンサートや映画、ブルガリア産の赤ワイン、ワーグナーとゴルバチョフとばかげたＤＤＲ、そういった会話は尽きなかった。不飽和炭化水素など、話すこともなかった」。

シントヘルムは付け加えて、今日のメルケルのことを、かつての同僚だった女性とはつながらないと言っている。

しかし本当にそうだろうか?

もし髪型と衣裳を除いて考えれば、ベルリン・アードラスホーフ研究所にいるメルケルに、官用機のエアバスに乗っているメルケルの姿を見てとることができるだろう。輪郭が今ひとつ定まらないメルケル首相は、西側の大勢の競争相手の中でも自分の性格を保ち続けることのできるめったにない政治家なのかもしれない。かつての（旧東ドイツの）青年同盟において、すでに世界をみつめる決断力を訓練していたのだ。

メルケルが政治家になって以来、すでに二五年が過ぎた。この年齢では性格が完全に変わることはもはやない。

第2章　メルケルの決断は「ユーロ救済」

ヘルムート・コールの役割

ドイツのヨーロッパ政策が、ドラマティックな展開を見せるさなかに、ヘルムート・コールの遅くなった誕生日祝いが行われるとは全く予想できなかった。「コール元首相はベルリンを訪問するのが難しい」と彼の新しい夫人から連絡があった。そこで二〇一〇年五月五日、CDU党首メルケルは、遅ればせながらコール八〇歳の誕生日を祝うため、わざわざルートヴィヒスハーフェン（ラインラント＝プファルツ州の都市）に赴いたのだった。

その一二日前には、財政破綻の危機に瀕したEU加盟国ギリシャが、救援を要請すると公的に発表された。ギリシャ救済策について、二日後に国会で採決される予定であり、来たる日曜日にノルトライン＝ヴェストファーレン州（ドイツ西部に位置し、ルール地方を含む経済力が高い）議会選挙が控えていた。

メルケル首相は、コールとの会見を楽しみにはしていなかった。ベルリンにおいて、いつになくドラマティックだった一週間の疲労が、ルートヴィヒスハーフェン出張でさらに増すからである。それに、メルケルが、ユーロというEU共通通貨の救済を躊躇していることに関し、コール元首相に批判されるのは目に見えていた。

そもそも健康状態の衰えているコールに、その話ができるのかどうかも不確実だった。だがそれでも彼は話を始めた。

「私は、現時点のギリシャ問題をあまり把握していない」とコール元首相は弱々しい声で言った。「まるで何も起きていないかのように、皆振舞っている。もちろん何をするのも難しい。だが、我々は、今できることの全てをしなければならない」。

「ヨーロッパとその他の国々にとっても、我々にとっても、ヨーロッパ統合は、戦争と平和の問題であることが、今日ますます明らかになっている。そしてユーロは、我々にとって平和を保証するものの一つなのだ」

と、コールは若い頃の第二次世界大戦時の思い出を語った。

この会談後、メルケルは自らの言葉で的確に説明した――「今はまだ起きていないとはいえ、ユーロが挫折するということは、ヨーロッパが挫折するということです」。

それから二年半が経過したのち、コールはそれでもなおベルリンを来訪した。またしてもメッセージを伝えるためにやって来たのである。健康状態は依然として悪かった。二〇一二年九月二七日、かつてコール自身が創設したドイツ歴史博物館の中に位置するシュリュター宮で、コール元首相のために、ＣＤＵ主催の祝典が挙行された。その祝典開催のきっかけは、ＳＰＤの首相ヘルムート・シュミットに対する国民の建設的な不信感のおかげでコールが勝利した首相選出三〇周年を祝うためだった。

今回の日程は、メルケル首相にも都合が良かった。というのもこの頃にはメルケルは、ある決断を下していたからだ。メルケルは「ギリシャをユーロ通貨圏内に保持する」と決心していた。それは新路線だった。今のメルケルは、ドイツ人にとどまらないヨーロッパ人という意味で、コールが再来したかのようだった――コール元首相周辺から、ドイツ保守派の偉大な父祖の地位を投げ捨てるつもりかという声がメルケルの耳にまで聞こえてきたにしても――である。メルケルの新路線を確かなものにするに当たって、コール元首相の助けを借りる以上に良い方法があるだろうか？　――つまりそういうことである。

メルケルは、その祝典の演説で「ヘルムート・コールのヨーロッパに賛成する態度」を称えた。コール元首相は「ヨーロッパ万歳！」と応酬した。メルケルとコールが二人揃って舞台に現れた時、目的は明らかだった。コールの後継者メルケルは、老人からは何も始まらないことを心得ていた。しばらく苦しげなひとときがあり、その後やっと付添がいそいで呼び寄せられ、コール元首相の車椅子が写真にふさわしい位置に動かされた。それまでカメラはメルケル首相にのみ向いていたのである。

この時のコールとの会談は、メルケルがギリシャ政策を大きく路線変更するにあたって、脇を固めるために行った演出の頂点だった。ギリシャという国が、ユーロ圏に残留できるのかどうか、二年半もの間メルケルは放置し、そしてその答えを、ギリシャの改革の進捗にゆだねていたのである。二〇一二年、その決断は夏の間に下されたにちがいない。だが八月の終わりにギリシャ首相がベルリンを訪問した時にも、またその大々的な記者会見でも、メルケルはその件を口にしなかった。記者会見では、例年のように国会の夏季休暇の終了を告げただけである――それは、その年とりわけ好意的な解釈をメルケルにもたらした。

政策の象徴になる熟考された行動にふさわしい時期は、この秋をおいてほかにないと、メルケルは、カレンダーを見て決断したのである。コール元首相の記念祝典の前日、CDU／CSU統一会派は、ヨーロッパ主義者として名高いヴォルフガング・ショイブレ（元CDU党首・現財務相）をベルリンのドイツ座に招き、誕生日を祝う式典を催した。ショイブレは、ドイツにおける保守派の最後の拠りどころである。「あなたには心の中にいつもヨーロッパがあるのがよくわかります」とメルケルは讃えた。

二週間後、ユーロ危機の勃発以来初めて、メルケルはアテネに出発した。以前の路線であれば避けていた見取り図だったが、今それはメルケルにとって願ってもないものになった。

メルケルは、自分の政策における大きな路線変更を、いわば象徴的に演出し、非公式に告知したので、まだ明確には根拠づけていなかったに違いない。アテネからの帰路の飛行機の中で、メルケル首相は、医学的なたとえ話をした。「いつも脚が痛い人は、脚を切断する手術がベストの解決かと思うかもしれません。その決断は間違っているでしょうね。もしそうしたら、まともに走ることもできなくなるし、痛みがなくなるわけでもないからです」と同行のジャーナリストに語った。ドミノ理論、つまりユーロからギリシャが脱退すれば、同様の危機にある他の国々に新たな困難をもたらすという懸念は、この時は言及しなかった。両方ともももっともな意見だが、よりによってこの時期になぜ首相の心境に変化があったのかという理由にはならない。

欧州安定メカニズムの発足

二〇一二年の夏には多くの事件があった。

その年のバカンスの直前に、メルケルは初めてヨーロッパ首脳会合を経験した。少なくとも傍から見るかぎり、メルケルは有利な立場ではなさそうだった。フランス側は、新しく選出された社会党の大統領フランソワ・オランドだった。イタリアはマリオ・モンティ首相が登場し、前任者のシルヴィオ・ベルルスコーニのようにいいかげんに無視しておくわけにはいかない。

両者とも、スペインのマリアーノ・ラホイ首相が自国の疲弊した銀行による切迫した問題を抱えているので、同盟を結ぶのは自然である。ホームグラウンドには、首相が帰国したらすぐにも欧州安定メカニズムに関する法律を採決しようとするドイツ連邦議会の国会議員たちが待ち構えていた。したがってメルケル首相は、期限付きで成果を持って帰らなければならなかったのである。

その成果とは、ヨーロッパ銀行連合を設立するための決議を得ることである。破綻の危機に瀕する銀行に対し、さらにマイナスに傾くであろう当該国の国家財政を経由する回り道ではなく、救済基金が直接的に資金を注入できるよう強化されなければならない。その代わりに、全ヨーロッパ的な銀行監督制度が設置される。監督業務をいつ開始するか、どのような機関が担当するのか、あるいは、ドイツ国内で批判的に吟味された援助資金が、どの時点で支出されるのかという細部は、まだ決定されていなかった。

これが解釈の余地を残したのである。イタリアのモンティ首相は、直接的な銀行救済が賛同を得たと先走って記者に吹聴し、次の日にメルケルは、救済は銀行監督の実施が前提だとクレームをつけ、正しい位置に戻そうとした。その時の交渉で、フランスの政権交代以降は、以前のようにつつがなくＥＵサミットを自分で取り仕切ることはできないとメルケルにわかったにちがいない。さらに、経済危機諸国における経済的苦境が長引いたので、単なる財政引き締め政策には現実的な限界があることも徐々に明らかになってきた。

ベルリンとブリュッセルでのショーダウン（ポーカーの勝負の最後に手札を全部見せること）の三日前、ＥＵ財政協定と欧州安定メカニズムにドイツが賛成するにあたって、ＦＤＰ議員たちに支持を義務づけるため、メルケルは演説した。このスピーチでは、債務危機に関するメルケル発言の中で、最も驚くべきフレーズがあった。それは彼女の政治信条――最終的な確定をなるべく避ける――に反していた。ＥＵ借款、つまり他国（ギリシャ）の国家債務のため、ＥＵ加盟国（ドイツ）が集団的に債務履行義務を負うことは、「私が生きている限りありえない」とメルケルは言った。のちにメルケルの側近はこの発言を相対化し、誤解ということにしようとした。この発言は単に、ドイツ連邦共和国発足六三年経った現在も、国々は借款を共同供与していないという意味であり、もちろんヨーロッパという次元でもありえない、と。

この年の八月、ドイツと中国の政府間交渉のため、メルケルは北京を訪問した。中国では遠いヨーロッパ、それもブリュッセルの電話番号（ＥＵ本部のこと）など信用されておらず、ドイツのメルケル首相は、欧州で最も重要な交渉相手である。そして中華人民共和国は、輸出産業が大成功をおさめている最中であり、多額の資金を手中にしていた。メルケルの狙いは、その資金の投資先にあった。そしてまた北京の指導部もアメリカ合衆国に依存することは望んでいない。中国でのメルケルの会談相手は、もしギリシャがユーロ圏から脱退すれば、欧州で発行される国債の信用には激震が起きると明言したにちがいない。

九月の訪れとともに、とうとう二つの日程が決定した。いずれの日にも「ユーロ危機は当面は終結した」と発表するのである。九月六日、欧州中央銀行は、危機にある諸国の国債を必要に応じて無制限に買い入れ、なんとしても共通通貨を守ると正式に決議した。すでにこの声明によって、ヨーロッパ各国の金利は急速に落ち着き、当面は換金の必要もなくなった。同時に暫定的な解決方法が見つかり、新しい援助パケット（枠組）も不要になった。そのためメルケル首相は面倒な議論を免れたし、イタリアのような財政的に脆弱な発行国が、担いきれないほどの新たな負担を負う事態も解消した。

さらに九月一二日、欧州金融安定基金（ＥＦＳＦ）の継続をドイツ連邦憲法裁判所が承認した。カールスルーエ（ドイツの行政管区・「司法首都」といわれる）の裁判官によって、緊急の決断が伝えられ、ユーロ問題をめぐる内政上の騒乱も驚くほどすみやかに収束した。

メルケルが行った路線変更によって、ドイツの世論は一変した。

二〇一二年一〇月、ＺＤＦ（ドイツ第二放送）の政策調査によれば、ギリシャの通貨同盟残留に対し四六％が賛成、四五％が反対であり、かろうじて賛成が多数派になった。二カ月前にはまだ賛成三一％、反対六一％だったのである。

二〇一一年の夏、欧州金融安定基金の拡大の可否を問う投票をめぐって激しい争いがあったが、それ以来ゆうに一年が経過していた。当時、共通通貨ユーロに対するドイツ国民の不信感は頂点に達していた。二〇一三年現在、アレンスバッハ世論調査によれば、ＥＵにおいてドイツは不利益だけを受けていると考えているのは二一％である。一般人からの抗議メールは明らかに減少したと、連立政権の国会議員は記している。

この夏が終わりかけた頃「議会選挙の年である二〇一三年を迎える前にユーロ危機は沈静化する」とメルケルの側近は告げた。まるで計画通りのような事態の進展は、メルケル首相の政治術になにやら不気味な印象を与えた。

これには多くの要因が関係している。遅くとも連邦憲法裁判所の決定以降には、共通通貨ユーロを護持する決断を覆すことはできなかった。ドイツの選挙民も後退を望んではいなかった。それに、たとえば財政難のため医療保険が使えないといったギリシャの現状に関するレポートは、ドイツ人の大多数の同情を集める効果をもたらした。そしてまだ懐疑的だった人々でさえも、ギリシャ改革に抵抗する勢力に、ドイツのメルケル首相は充分強硬に対処しているという印象が得られた結果、支持に回った。最終的にはドイツ全体に疲労感が広がった。予告されていたカタストロフィーも当面のところ起きなかったし、このテーマはもう「終わった」のである。テレビカメラの前の経済評論家たちの顔ぶれを見ても、政策に関する新しい情報が得られることはなくなった。

問題は、もっと早期に、あるいはもっと少ないコストで、この結果を得られたのではないかという点である。もしアンゲラ・メルケルが、すでに二〇一〇年の春にフランス大統領ニコラス・サルコジに譲歩し、ギリシャに対する大規模な援助に同意していたら、何が起きただろうか？　ギリシャ以外のユーロ諸国、とりわけかなりの経済力のあるイタリアやまだ当時は負債総額が少なかったスペインは、投資家の不信を解消できなかったのだろうか？　ギリシャの負債を軽減したことは、投資家のパニックに拍車をかけたのだろうか？　ひょっとして今現在「ユーロ危機」と呼ばれ、南欧諸国の社会を大混乱させた事態に至らない可能性もあったのか？

これはメルケル首相に対する非難のうちでは最も重要な問題である。CDUのユーロ賛成派と話すと、メルケルがこれを気にかけているのがわかる。この件に関し公的に発言した唯一のCDU政治家は、あのノルベルト・レットゲン――メルケルに解雇された環境大臣である。二〇一二年のクリスマスに、彼は「もし、EUは一致団結しているというシグナルを出していたら、そもそも信用危機は起きなかっただろう」「この種のシグナルを外してはならなかったと今なら言える」と新聞のインタビューで語った。だがレットゲン元大臣は言葉を補った。「当時の政府対応について批判できるのは、あの時、すでにこれに気づき発言した者だけだ。あの時点では私にもわからなかった」。

同様に、ポーランドの外務大臣ラドスラフ・シコルスキにも問題がある。この人物には、経済的にリベラルなポーランド市民の代表として、際限なく債務を拡大する諸国の側に立った発言があった。「節約と改革をベルリン側が要求するのは理解できるが、その圧力が大きすぎるなら経済成長の息の根をとめる」と二〇一二年の秋、南ドイツ新聞に語った。「メルケルの策は非常に大きな過ちだった。たとえばギリシャに対する最初の援助パケットは、貸付の高金利と引き換えに、非常に厳しい歳出の削減を強制した」。

さらに彼は言う。「この過ちを修正するには、かなり多額のコストが必要だろう」。

メルケルの見解は、少なくとも公的には異なる。メルケル及びその周辺は、初期の強硬路線なしには危機諸国の改革は、まったく進展しなかっただろうと断言している。しかし、もしあの時点でギリシャが新規の資金を得て、二、三年のちに全く同じ状況にまた陥ったらどうなったか？　スペイン人たちは、ギリシャ危機の有毒な影響なしに、不動産価格の崩壊を切り抜けただろうか？　それから最後にメルケルお気に入りの見解だが——危機によって初めて、経済的に弱体な国々に必要な改革がなされるのだから、グローバルな競争におけるヨーロッパのポジションのために、危機は同時にチャンスでもあるのだろうか？

この問いに答えるのは、事が終わった現在では難しい。

おそらくメルケルの路線からいって当時の経済政策に「他に選択肢がない」わけではなかっただろう。だがこの言い回しは、事実と異なる風評に対しメルケル首相が前任者のゲルハルト・シュレーダーより慎み深く使う言葉である。二〇〇四年、メルケルは健康保険制度改革について「他に選択肢はない」と言った。二〇〇七年のシュピーゲル誌のインタビューでは、ヨーロッパ統一について同様に表現した。二〇〇八年秋、メルケルはドイツ人の銀行預金を保証したが、この時、隣のスポークスマンが国家の非常事態だからと記者の質問を封じ、「この発言の効果を、細々とした質問でまた相対化してしまわないよう記者の皆様にお願い申し上げる」と言った。二〇〇九年二月、破綻したヒポ・リアル・エステート（ＨＲＥ）銀行の収用計画に関しメルケルは発言した。「私たちは慎重に熟慮しました。その結果、この措置の他に選択肢はないと考えています」。

同様の言葉づかいは、二〇一〇年五月初めの最初のギリシャ救済の際、国会議事堂でもあった。「ユーロ圏の財政的な強靭さを保証するには、ただいま議決されたギリシャ援助の他に選択肢はありません」。しかし二週間後にはもうこの表現は弱まった。「したがって全ユーロ圏の強靭さを保証するためには、他に理性的な選択肢がなかったのです」とギリシャを援助する欧州金融安定基金に関する政府声明でメルケルは述べた。

メルケルの決断「ユーロ救済」

それでは見取り図に戻ろう。

ドイツの首相でありCDU党首であるメルケルのユーロ路線は、結局のところ「理性的な選択肢なし」では、内政的な理由から実現しなかっただろう。ユーロ危機の初期にすでにギリシャ援助がドイツ国民の理解を得られたかどうか——やがて徐々に受容されたとはいえ——過去を振り返るならそれにはかなり疑問が残る。

二〇一〇年のあの五月にちょっと戻ってみよう。当時のビルト紙は、ギリシャ料理レストランでよく見る字体を見出しに用いて報じた。国会議員はギリシャの島々を売却するよう提案した。この経済危機では自分自身のお金が危ないという意識は、まだほとんど広がっていなかった。ギリシャは、エキゾチックな特殊な問題のように思われていたのである。

二〇一二年の夏になっても、イギリスのエコノミスト紙は、通貨同盟を粉々に打ち砕き、ドイツに常に新たな負担をもたらす災禍から脱出するために、メルケル首相が持っている秘策についてあれこれと推測していた——「アンゲラは誘惑に勝てるのか?」と。俗受けする大見出しにもかかわらず、編集部の最終的な結論はこうだった。「ユーロが崩壊するよりは、救済するほうが安く上がるだろう」。そしてバルカン半島の騒乱の地に新しい秩序を生む政治的なコストは、当面の救済シナリオではまだ全く計算に入れていないと強調した。

アメリカのタイム誌ヨーロッパ版は、六月のサミットでメルケルが敗北したように見えた時、即座にフォローした。見出しには「皆がアンゲラ・メルケルを憎み、誤解するのはなぜか」と書かれていた――「メルケルが、壮大な計画に反対し、より細やかな動きを受け入れるのはもっともだ」。

リベラル左派のローマの新聞であるレプブリカ紙は、メルケルの路線変更が八月に明確になった時、「多幸症的」と論評した。「メルケルはドイツの愛国者からヨーロッパ人へと変化したのだろうか？　それともサルコジとベルルスコーニの代わりにオランドとモンティと一緒になっていわゆる時代精神に合わせたのだろうか？」と疑問を投げかけ、すぐ答えた。「おそらくその両方に関係があるだろう。アンゲラ・メルケルが思いきって飛躍し変化できる性格を見せるのはこれが初めてというわけではない」。

メルケルの路線によってかかった経済的コストはあるにしても、政治的にこの路線は、ユーロ救済政策に抵抗感の大きいドイツ人を誘導する巧みな操縦術だった。メルケルは、自分の都合の良い時期に、このテーマにとりあえずの終止符を打つことができたのである。

メルケルは、ドイツという国のセラピスト（治療専門家）のようだった。メルケルは、ドイツ人のために行動する——自国の人々に、新たな真実を、ゆっくりとなじませていくのである。

それはメルケル首相というよりも、ドイツ人そのものに関する証言である。世論調査結果の揺れが露呈するように、ドイツ人は、きわめてアンビバレントな態度をヨーロッパに対し取ってしまう。ドイツの中で二つの陣営が争い、その間に深い亀裂があるのではない。世論調査の結果はむしろ、回答者の多くが、それぞれに自分自身の心が両極に揺れ動いているという結論を示している。

ＡＲＤ（ドイツ公共放送連盟）の二〇一二年六月の調査では、合計五四％の人々がユーロ加盟国の債務を共同で負担するのはあり得ると回答している。しかし、そのうちの五分の四は、「明確な規則を定めたうえで」としている。実際のところ、これによりヨーロッパの権限はもっと大きくなるだろう。だがもし国民投票が行われたら、大多数は反対かもしれない。選挙戦の参謀がたいてい気づいているように、ドイツ人は、細かいことにわずらわされるのを好まない。ドイツ人は通貨の安定を願い、危機諸国の人々の苦しみを座視するのは望まない。だが、負担はできれば避けたい。これはビスマルクの名文句を思い出させる。「ソーセージや法律が、どのように作られるかを知らないほうが、国民は安眠できる！」。

メルケルが糸から手を放すと、すぐにまた混乱が始まるように見える。メルケルのお膝元では、国民は気まぐれで、連立政権の足並みは徐々に乱れ、野党は威信を獲得しようと企てる。ヨーロッパ各国の首都では、同僚の首相たちが強気に振舞い、ワシントンではアメリカ大統領がプレッシャーをかける。いったいどうやって、こんな歩きにくい土地で多くの経験を重ねつつメルケル首相は長年頑張り通してきたのだろう？――この種の見通しの悪い状況にこそ、メルケル最大の切り札があったのだ。著名な専門家の間でも意見が分かれるならばなお良い。正誤がもはや判別できない地点に、政治が動く隙間は開かれる。

オランダからギリシャに至るまで、ドイツ以外の国では経済危機で政権が転覆したが、ドイツ人は、困難な状況でも政権への信頼を保ってきた。ドイツで今まで最も成功をおさめた選挙スローガンは、コンラート・アデナウアーによる「実験はいらない！」である。理由は、当時のドイツが好調だったからだけではなく、ドイツ国民が安全確実を深く求めていたことにある。ギリシャへの援助を拒否しユーロが崩壊するリスクをおかすか、それとも無条件にユーロ債を発行しドイツの支払い能力を危うくするのか、という一か八かの勝負は、ドイツ人のやり方ではない。今やドイツ人はあまりにメルケルの流儀を身につけている。

だからこそ、よりにもよってユーロ大転換の秋に、メルケル首相の支持ポイントは新たに上昇したのである。すでに二〇一二年夏には六六％のドイツ人がメルケルの政治的な業績に「満足している」と答えた。二〇〇九年の選挙以来かつてない数字である。さらにメルケルの危機対策について「適切である」と答えたのは、緑の党を支持する層の六〇％、ＳＰＤ支持層の五〇％である。

ハノーファーで一二月初めに開催されたＣＤＵ党大会では、「今では容易にできることです。基本的にユーロは無事に救済されたといえます」と彼女は言った。そしてさらに前進するために、国民の大多数の意見をメルケルは口にした。「しかしながら、ここではっきり申し上げます。我々は、なおも注意が必要です」。

ドイツ人の中でもとりわけメルケル首相自身が、より安全な足場を確保していた。この時メルケルは、二〇一三年九月に行われる選挙でも、危機という試練を経た首相が必要になるだろうとほのめかしたのである。

選挙までとにかくユーロ政策に破綻がなく、不愉快な請求書を国民に突き付けることにもならないよう願う――というのがメルケルの動く線である。同時に彼女は、国民が安心しすぎて誰か別の新しい主人を官邸に迎えることのないように、欧州の危機を訴えることもある。ＳＰＤの側では、今回、ヨーロッパの問題を取り上げるのを避けている。このテーマではメルケル首相を攻撃できない。野党は、国家政策上の納得できる理由があったので、メルケルに決定的な点で同意したからである。

メルケルは保守派になった

危機に伴って生じたコストの支払いは、現在は延期されているだけである。二〇一二年の秋、為替レートの変動により、計画より早期に援助パケットの資金が注入された。実際のところ、さらなる援助すら要請されるかもしれない。すでに可決された金額が底をつけば、追加援助の要請は避けられないが、それはおそらく選挙のあとになるだろう。ひょっとしたら、債権国ドイツの財務大臣も債権を放棄しなければならない。財務大臣が誰であろうと、構造的に整えられた予算案に対し、二〇一四年にはもう大きな穴をあけることになる。

もしドイツ国内で節約が求められるなら、状況はもっと悪くなる。税収と社会保障納入費の記録的な増加と引き換えに、歴史的に低い利率と失業率――これほどバラ色の財政は、いつの時代にもあるわけではない。メルケルは、選挙に向けて適切に財政支出を用いたのである。財政を化粧するために、年金と健康保険への補助金はカットされた。FDPに配慮し診療報酬は削減され、それもまた医療保険の財政に穴をあけた。選挙の年が始まった時、議会選挙を切り抜けたらどのように財政が健全化されるのかという財務省の想定演習について、シュピーゲル誌が報道した。

それは、最終的にヨーロッパ統合に向かう偉大な計画である。二〇一二年のあの決断の秋、すでにその片鱗はあったにちがいない。欧州議会を間近に控えた一一月初めに、メルケルは、いつになく熱情的にヨーロッパ統合の前進を告げた。「一二月には、経済・通貨同盟の刷新に向けて野心的な工程表を決議するよう取り組みます」。

メルケルはさらに言った。「私は、いつの日か欧州政府になり得るような委員会の設置に賛成です。たとえば下院のような役目を果たす評議会に賛成です。ヨーロッパを管轄する欧州議会に賛成です。私の考えでは、実現もそう遠くないでしょう」。

賢明にもメルケル首相は、いつどのように達成されるのか表明しなかった。一二月のブリュッセル首脳会談六週間後には、この理念はどこにも残っていなかった。予想より実際は困難だと明らかになった――とりわけフランスの新たな財政的要求に直面したのである。メルケルは、選挙前の国民に負担を強いたいわけではなかった。現在メルケルは、EU加盟国に改革を義務付ける双務的な協定を目指し、長期的に努力している。

選挙前の状況にはこのようなパラドックスがある。世界は休むことなく流動し、ヨーロッパは改革が急務であり、グローバルな競争に我々も遅れを取ってはならない、とメルケルは常にドイツ人に語りかけている。しかし、自分の国で具体的な改革ということになると、メルケルは何もしていない。むしろ、メルケルに対する国民の好感度が高いのは、メルケルがドイツ人の予測を良い意味で裏切るからである。正確にいえば、予測以上に一種の変化があるのだ。鉄のカーテンが消えて二〇年経っても、依然として西ドイツの人々を支配するのは「安全確実を求める」志向である――二〇〇九年、歴史家エッカート・コンツェによるドイツ史に書かれたように。

ずっと後になってから、これを理解したのがメルケルである。一九八九／九〇年の大転換の年に、政治家人生に飛び込んだ女性物理学者は、遅れて理解したからこそいっそう自分の内面的なものとして身につけた。だからこそメルケルは――CDU内にいる批評家の主張とは違うが――保守派になったのである。

欧州金融安定基金（European Financial Stability Facility, EFSF）とは、危機に陥ったユーロ圏の国に対する財政支援を提供することでヨーロッパの金融安定を図ることを目的とする特別目的事業体。欧州金融安定ファシリティとも言う。

欧州安定メカニズム（European Stability Mechanism, ESM）とは、ユーロ参加国が財政危機に陥った場合に金融支援を行うための恒久的な制度。二〇一三年六月までの時限措置として設けられた欧州金融安定基金（EFSF）を引き継ぐもの。

第3章　社会主義国から来たメルケルがなぜ「保守派」に

CDUの救世主メルケル

ベルリン・ミッテ地区のビアホール「パウラナース」は、ダークブラウンの床やテーブルに、重々しいビールジョッキや、こってりしたシュヴァイネハクセ（肉料理）などが供され、いかにもドイツらしい雰囲気である。

だがシュプレー河畔に位置するこのビアホールでは、それらはすべて単なる舞台装置にすぎない。ドイツの政治機能がベルリンに移転した九〇年代後半、その地域にオフィスビルや複合施設が次々に建設され、内務省が一角を占めた。アンゲラ・メルケルが一時期よく語ったことだが、歴史はここで演じられたのである。

二〇〇〇年の春先に、ヤミ献金問題によりＣＤＵ（ドイツキリスト教民主同盟）党首ヴォルフガング・ショイブレが辞任した。当時のメルケルは、先行き不安な野党ＣＤＵの幹事長として、地方会議から地方会議へと渡り歩いていた。与党であるＳＰＤ（ドイツ社会民主党）の内務大臣オットー・シリーが、雲の上の大臣執務室で指揮をとっていた。

ちょうどこの頃、メルケルは例のビアホールでビールを飲みながら尋ねた。「ショルシュさん、保守派の牙城であるドイツ南部の皆さんから見て、私は立派な保守派でしょうか？」。ここでショルシュというのはゲオルク・ブルンフーバー、強い影響力を持つバーデン＝ヴュルテンベルク州のＣＤＵ国会議員団長である。彼は「保守派とは、我々自身のことです」と返答した。「だが、もしあなたがＣＤＵのために、我々の娘の票を獲得できれば、あなたはもっと成功するでしょう」。

アンゲラ・メルケルは、直後の二〇〇〇年四月一〇日の党大会で新党首に選出された。メルケルは、ドイツ最大の保守政党ＣＤＵの党首になった最初の女性だった。しかも旧東ドイツ出身のメルケルは、政治の道に入ってまだやっと一〇年である。「コールのお嬢さん」と長い間呼ばれていたメルケルだが、前年のクリスマス直前に、コール元首相を新聞紙上で批判し、関係は冷え込んでいた。二〇〇二年には、バイエルン出身のエドムント・シュトイバーに首相候補を譲らなければならなかった。しかし実は彼女が幸運だったことは、今日では明白である。二〇〇五年には、ゲルハルト・シュレーダーに負けたかと思われたが、大連立政権の首相になり完勝したのはメルケルだった。

党首就任一〇年後、二〇一〇年初めの頃である。

ブルンフーバーは、シュトゥットガルト（バーデン＝ヴュルテンベルク州都）の宮殿庭園に面するカフェで、ジャーナリストとともに席に着いた。ようやく春めいた太陽の光が暖かく射していた。ブルンフーバーは、献金スキャンダルの時期を振り返り、「アンゲラがCDUを救った」と語った。たびたびローマ法王のもとを訪れている彼は、イタリアのキリスト教民主党（CDUと同じくキリスト教民主主義を掲げる政党）が、献金スキャンダルゆえに消えて無くなったのを知っていた。メルケルと自分について話す時には、よく「アンゲラ」「ショルシュ」と差し挟む。親しさをアピールしているのだ。ブルンフーバーは、ドイツの中でも東アルプ（バーデン＝ヴュルテンベルク州）出身なので、保守主義よりカトリック教徒であることの方が実は重要だ。ブルンフーバーのような人物がプロテスタントの女性メルケルにあやかりたいとは、テンプリン（ブランデンブルク州）出身のメルケルがCDU党内でどれほど偉くなったかわかるというものだ。

国会議員のナディーン・シェーン。当時はまだ旧姓のミュラーだったが、彼女はブルンフーバーの娘といえる世代だろう。彼女のような若年層を味方にできれば、ビアホール「パウラナース」で考え出された計画はうまくいく。流行のメガネに、耳にはピアス——彼女はCDUを気に入った若い女性たちの一人である。ドイツ南西部に位置するザールラント州出身で二六歳のこの女性は、二〇〇九年の秋に国会議員に選出された。議会の本会議に出席していた彼女は、アポイントメントに応じ、国会議事堂内のレストランを訪れた。レストランから西の方角になるメルケルの首相官邸の向こうに、ちょうど夕日が沈むところだった。

メルケルが党首に選出された時、ナディーン・ミュラーは一六歳で、青年同盟に加盟して一年経っていた。一九九八年の終わりに彼女は地方議会選挙に立候補した。当時、オスカー・ラフォンテーヌが党首だったSPDは古く時代遅れに見え、ペーター・ミュラー（CDU）が若くてかっこいいと思った。選挙に負けたにもかかわらず、ヘルムート・コールがまだ党首だったことは気にならなかった。「たぶんCDUは幸運だったでしょう——あの頃の私は国内政治に興味がなかったので」と彼女は言った。

ナディーン・ミュラーは、まずは法律の勉強のためハイデルベルク大学に入学した。ジャーナリスト志望だった。彼女は、「ツァイトやシュピーゲル、シュテルンに皆憧れていました」と、政権批判で名高い新聞、雑誌名をいくつか挙げた。かつてコールはそういったマスコミを「ハンブルクのマフィアども」と言っていた。のちにはメルケルに任命された閣僚も、形式張らないインタビューの際には、あまり政治的に偏らないよう記者に求めたものである。

ミュラーが大学に入学した当時、ＣＤＵ党内の議論は、税制及び人頭定額保険料をめぐるものだった。ちょうどライプツィヒ党大会の頃である。大学生だった彼女は、そんなテーマにとくに興味はなかった。大学で憲法入門講義を選択した彼女は、課題に追われていた。成績優秀だったので、ある教授の助手をするよう頼まれた。

教授の名は、パウル・キルヒホーフである。文献調査を行い、キルヒホーフ教授の著書『ドイツ租税法研究』の報道資料の項目を整理した。租税法の抜本的な簡素化というキルヒホーフ教授の提案が、非常に尊敬を集めたことを彼女は知った。その後、二〇〇五年の選挙戦の際、驚いたことに税制の専門家として著名なキルヒホーフ教授をメルケルの専門家チームの一員とした。キルヒホーフ教授はもともとハイデルベルク出身の世事にうとい大学教授である。ミュラーが言うには「本当にお気の毒でした。党本部はキルヒホーフ先生を放置していました。党がもっとコーチすればよかったのです」。

ライプツィヒ党大会、そしてキルヒホーフの加わった選挙戦当時のアンゲラ・メルケルについては、誰もすすんで語ろうとはしない。ノルベルト・ブリューム（コール元首相に近いＣＤＵ政治家。二〇〇二年頃政界を引退した）に電話をしたが、成果はなかった――「取材に来るのは構いませんが、来てもらっても言うことは同じですから意味がありません」。メルケルは配下のブリュームを遠ざけたので、党首選出一〇周年記念日にも彼はライプツィヒに留まっていた。ブルンフーバーもライプツィヒで何もなかったかのように振舞った。

彼は、当時誰も成功を信じてはいなかったと言う。「党大会が終わって家に帰る時にはもう、これで本当にいいのかと議論していました。ライプツィヒを選挙区に議席を守った者はほとんどいなかったのです」。CDUが当時政権を取っていなかったのが幸いしたと彼は言った。「我々のボスがシュレーダーになってもよかったかもしれません」。なんといってもメルケルは、党内のライバルだったフリードリヒ・メルツを仲間に入れて手なずけ、税制改革をやってのけたのである。

ブルンフーバーとメルケルには、深刻な対立が二度あった。一度目は、バーデン＝ヴュルテンベルク州首相ギュンター・エッティンガーが、元州首相ハンス・フィルビンガーの追悼演説を行った時である。メルケルは、エッティンガーの行った追悼演説の内容を批判した。ブルンフーバーは、エッティンガーに味方し、メルケルに反対した。二度目はメルケルのローマ法王批判が原因だった。後にブルンフーバーは、フィルビンガー追悼の件はメルケルが正しかったと言った。

この対立ではメルケルに理があったようだが、それでは、保守派ブルンフーバーから見て、メルケルに本当に間違いはなかったのだろうか？　彼はゆっくりと言った。「野党の間は、絶対に間違いをおかしてはならない。ＦＤＰ（自由民主党）との大連立の間も同様だ」。それから彼は少し躊躇し、「だから彼女は、ＦＤＰとの連立条件を、おそらくそれほど厳密には定めなかった。早く政権を取りたかったのだ。だが、ＦＤＰがここまで歩み寄り不可能とは誰が思っただろう？」。

変革されたＣＤＵが、かつてのコール元首相によるＦＤＰとの連立からどれほど遠く離れた地点に着地したかを理解するには、メルケル連立政権の深さを測定しなければならないだろう。

連邦議会で女性政策に携わるナディーン・ミュラーは、二〇一〇年の女性の日（三月八日）にＦＤＰと平等条項に関する交渉を行った――それを交渉といえるならの話だが。というのもＦＤＰ側は、自分の立場をあくまでも固持していたのだから。経済面も含め何ひとつ変更できなかった。連立政権を担う女性政治家たちは歯ぎしりしながらも譲歩せざるを得ず、そのうえマスコミには嘲笑された。しばらくして、本会議でインターネット上の児童ポルノに関する法案が討議される時間になり、ミュラーは議場に戻った。ＦＤＰ議員が演壇に立った時、ＣＤＵ議員も拍手をした。「ご列席のみなさま」と彼は話を始めたが、「我々は、野党による法案イニシアチブを歓迎すると述べさせていただきたい」と言った。ＣＤＵ議員はもはや誰も拍手しなかった。賛成しているのは野党四会派だった。事前の申し合わせもなかった。

かつてのコール連立政権をメルケルが必要としたのは、自分もコール元首相のように多数派を獲得できることを証明し、右翼との連帯がもはや古いやり方では機能しないことを示すためだった。保守派ブルンフーバーは、それをおもしろがっていた。シュトゥットガルトのカフェで彼が言うには、「あのヴェスターヴェレの野郎をかたづけてしまうのはいつかな？　と皆が言っている」。

というのは、ヴェスターヴェレ外務大臣は、二、三カ月間ずっとFDP党首の地位にしがみついていた。「あいつが自分で壁にぶつかるまで、彼女は待っている」。党内のライバルであるメルツの時にも、コッホの時にも、シュトイバーの時にも、メルケルはそうしたのである。そうこうするうちに、名前のリストはいささか長くなった。二〇一〇年五月にノルトライン＝ヴェストファーレン州の選挙に負けたユルゲン・リュトガーがリストに加わった。「かつての西ドイツの首都ボンで政治を学んだ議員たちは、まだわかっていない。今は根気強さが必要なのだ。コールも最初の頃はそうだった。のちに彼は短気になった」とブルンフーバーは言った。

二〇一二年八月二四日は、CDUに最後まで残っていた保守派の伝説がとうとう消え去った日かもしれない。この日、ヴォルフガング・ボスバッハ議員やエリカ・シュタインバッハ議員ほか二、三〇名もの支持者が集まり、「ベルリン・マニフェスト」を発表するはずだった。このグループは、「ベルリン・クライス」と名乗り、メルケル総裁に対抗する勢力の結集を意図していた。彼らの見解では、メルケルは保守派のとりでをむりやり他勢力のもとに移したのである。メルケルはＣＤＵの由緒正しい理想を裏切った、という漠然とした批判に加えて、そもそもＣＤＵの理想とは何かという実質的な定義を行い、裏付けしなければならないと彼らは主張した。

しかし、そこから何も始まらなかった。予告された記者会見は、予定日の二、三日前にキャンセルされた。「夏期休暇中のため、ベルリン・クライスの実質的な位置づけに関する最終調整が、予期に反し実施できない」とヘッセン州ＣＤＵ会派代表であるクリスティアン・ワーグナーは、いささかわざとらしくヴェルト紙に説明した。

保守派と同性愛の論議

つまるところ、今日「保守派」をどう定義するかについて、このグループ内の意見が一致しなかったのである。保守派は、原子力に関する統一的な見解を持ち、放射性物質の保管についての技術的な進歩に寄与しているだろうか？　それとも保守派は、ギリシャのユーロ離脱を要求すべきなのか？　ギリシャのユーロ離脱をくいとめたのは、保守派の偶像ヘルムート・コール最後の尽力だったにもかかわらず。

二カ月以上も経ったのち、「ベルリン・クライス」は、なんとかコンセンサスペーパーをまとめたが、同性愛者の結婚に対する明白な拒絶はなかった。なんとなればそれは、同性愛者のカップルを保守的な生活様式に導く法制度だからだそうである。

保守派の核心はいったいどこにあるのかという議論の答えは、メルケルには、二〇一〇年一月の時点で、かつてないほど明確に認識されていた。CDUとともにFDPが選挙に勝利した時、メルケルは選挙結果の分析を復習した。こういう結果を避けようと、メルケルは、ほとんど失敗だった二〇〇五年選挙戦以降、ずっと注意していたのである。左派ではなく右派と連立するという挑発的な提案を、メルケルは、彼女らしいやりかたで、自分から主張することはなかった。そのかわりに、CDUの非公開会議における代表発言を、選挙結果調査の専門家マティアス・ユングに委ねたのである。

メルケル路線の批判者は、事前にベルリナー・ツァイトゥング紙上で、大学の街として有名なマンハイム出身のこの世論調査専門家が話す内容を読むことができた。ユングの説明によれば「教会と結びつきの強いカトリック教徒は、選挙結果においてはそれほど重要ではなく、最終的には八％にすぎない」。さらに、いわゆる小市民層もリベラル系だという。「リビングルームのソファーでくつろぐ人々は、かつての小市民という概念には、もはや含まれません」。こういう社会環境に属する人々は、「同性愛者の法律婚に関して激怒することもありません」。世論調査の結果にもとづき、この専門家はこう結論づけた——「近代化戦略を批判するのは、現実離れしているといえましょう」。

保守的という概念を選ぶ際には、もうすでに混乱が生じている。外部の傍観者は、「ＣＤＵブランドの真髄」が失われてしまったと言いたがる。だが、まるでハルバーシュテッター（保存食品メーカーの老舗）のソーセージ製造所のように、いくらか古びたスモーク風味の違いにこだわって、「保守的」と名乗るのは正しいだろうか？　ＣＤＵの創立者ですらばかばかしいと思うようなレトロな外套を勧める外部の助言者は、いったいＣＤＵの像をどう捉えているのだろうか？

キリスト教民主主義者（ＣＤＵ支持者）たちが、同性愛者の結婚の法的な平等に対する抵抗をやめた二〇一三年二月、高級紙ツァイトは、国民をグループに分ける「独自基準」をつくり、ＣＤＵの政治的プロファイルに基づき区分してはどうかと提案した。競争相手の党は、そういう毒のある提案を、戦略的に遅れて実行に移すだろう。なにしろそれは、政治のまともな分析要素にならないのだから。それは、新聞の文芸欄をよく読むカトリック教徒の考えることに近い。そういう人々は、ラテン語のミサと法王の無謬《むびゅう》性に熱狂するが、現実の聖ローマ教会の一員として、理論的に興味深い現象のネガティブな面に対決することはないのである。

そういうプロファイルを作成する試みが、どれほど困難かを示すのは、二〇一二年一〇月初めのハノーファーＣＤＵ党大会での同性愛者の法律婚をめぐる議論である。この時点でメルケルは、彼女の考えでは白黒つけるべきではない戦いにおいて、保守派の希望をかなえることを決断した。

もしこの点について譲歩すれば、ドイツ連邦憲法裁判所は、税法上の平等を求めるために、予測可能な時期にそれを強要するだろう。反対の党大会決議はそれゆえ現実的な効果を持たないだろう。メルケル党首は、フルダ（ヘッセン州）CDU連合会の動議を受け入れた。そこでは同性愛者同士のパートナー関係を平等に扱うことに反対の見解が述べられつつも、明らかに差別的な部分は、漠然とした承認の決まり文句に差し替えられていた。

CDUは、個々人の決定を尊重し、「他の形式におけるパートナー関係によって人生計画を実現する」というのである。それでも党大会で発言した同性愛者のCDU党員たちは、この文面に差別意識を認めた。たとえばイェンス・スパーン国会議員は「私は自己を実現するのではありません。私は私のままでいいのです」と主張した。

翌年の春、議会でこのテーマが取り上げられたが、法的な判断が必要とされたうえ、CSU（キリスト教社会同盟。CDUの姉妹政党でバイエルン州でのみ活動する地域政党）の抵抗にあい、メルケルは挫折した。党大会決議では戦いの相手はまだしも明らかだが、今や賛成・反対双方が目の前で激突した。同性愛者の法律婚に反対する者は、水面下で攻撃されたことでメルケル首相をうらみ、賛成者のほうもメルケルがまた撤回したので苛立っていた。

ＣＤＵの真のアイデンティティ

「保守派ブランドの真髄」についてコピーライターが書く流行のフレーズとは異なり、ＣＤＵの持つ真のアイデンティティは、権力を保持するための冷酷なプラグマティズムにあるだろう。それが示されたのは、財政危機と経済危機のさなかにあった二〇〇九年の年頭のことだ。ノルトライン＝ヴェストファーレン州の州首相の圧力があり、銀行救済に加え、企業援助プログラムにもメルケルが同意した時である。まもなく景気が回復したため、このプログラムは無駄になったのではあるが。

しかし一部のマスコミでは、メルケルがいまや国家社会主義に向かっているとか、またもやＣＤＵの基本理念を裏切ったとか、ライプツィヒ党大会のリベラルな経済計画を転換するのかと興奮した議論が起きた。そのため二〇〇九年恐慌期の選挙戦では、メルケルの大先輩であるコンラート・アデナウアーが実施した父親のような社会福祉政策を、ライン型資本主義（福祉重視の「大きな政府」をめざす資本主義。日本の高度成長期がそう）の古い理想像に結びつけたのである。おりしもドイツ連邦共和国創立六〇周年という記念の年であり、この機会を大いに利用した。

当時、ＳＰＤの「アジェンダ二〇一〇」を掲げたゲルハルト・シュレーダーも、メルケルと同じく路線変更に一貫性がないように思われた。ただシュレーダーの場合は、メルケルとは逆方向のシグナルに従ったために、党の「資産」を片づけられるのはその党自身だけという政治の経験則をまたしても証明してしまった。

ふりかえれば、CDU首相のコンラート・アデナウアーだけが、本心ではアンチ西側諸国であるドイツの保守派を、大西洋の西（アメリカ合衆国）と結びつけ、さらにヨーロッパ統合をも導くことができたのである。その際にはむろん共産主義の脅威が味方になった。とりあえずワシントン側とスクラムを組んでモスクワ側に対抗し、ついこのあいだまでの過去（第二次世界大戦）は都合よく排除するというプラグマティックな論法は、誰にもはねつけられなかった。アメリカ人はきゅうくつなジーンズ姿でチューインガムを噛み、今でも文化を知らない退廃的な資本主義に染まった奴らだと内心では思っていたのだが。

二〇〇九年一月、テューリンゲン州の州都エアフルトにおいて、CDU支持者が開催した会議にメルケルは出席し、「皇帝の間」でスピーチを行った。スピーチの内容は、その会議の開催された場所についてである。かつてビスマルクの社会主義者鎮圧法が失効した後、この場所で一八九一年にSPDは伝説的なエアフルト綱領を採択した。SPDのイデオローグであるカール・カウツキーが、その基本的な考えを名文句にまとめた――SPDとは、革命的な党であるが、革命を実行する党ではない。メルケルがエアフルトで話したように、CDUの場合は正反対である――連立政権は革命的ではないが、革命を行う党である。

ドイツ帝国時代のＳＰＤには、綱領のおかしな部分もどうということはなかった。ＳＰＤは選挙で勝利するのに忙しく、そこから何を始めるべきかわからなかった。一方でＣＤＵは挫折するたびに力強くなるようだ。それは単にＣＤＵの持つ際限のない権力プラグマティズムのせいだけではなく、社会的パターナリズム（父親的温情主義）というＣＤＵの根幹に戻るからである。ＳＰＤのゲルハルト・シュレーダー元首相が「アジェンダ二〇一〇」によって社会民主主義における昔の伝統を一掃したという考えは、過去一〇年の政治における大きな誤解のひとつである。実際には、ドイツ式に仕立てられたシュレーダーの社会福祉国家とは、つまるところ保守派の産物である。

ＳＰＤの成功

社会民主主義による国家の枠組みは、国民の自己組織化ということを目標にしていた。投票に参加することに始まって、国民が社会においてキャリアアップする回路を開こうとしたのである。オットー・フォン・ビスマルク帝国宰相や、コンラート・アデナウアー連邦首相、そしてライナー・バルツェル（一九二四～二〇〇六年。ＣＤＵの政治家。ＣＤＵ党首、ドイツ問題相、連邦議会議長を歴任）のような右翼の代表的人物は、国民自身ではなく国家によって組織され、国による身分保障を得るシステムを受け入れるようＳＰＤを誘導した。そのシステムは、動きのない階級社会の基本構造を固定化したのである。

それは社会福祉にも通じる。シュレーダーは、失業手当を撤廃するアジェンダを打ち出した。元来、失業手当とは、アデナウアーによって一九五六年に初めて導入された。一九五七年の選挙戦のために用意した、福祉の新政策に関する盛り沢山のパッケージの一つである。この作戦は、アデナウアーにドイツ連邦議会において一党が今までに獲得したことのない単独絶対多数をもたらした。失業手当に関しアデナウアーは、財務省の担当官に向かい、無職の者に対する「永遠の年金」を作らないよう警告し、際限のない財政的な負担について予測した。

経済大臣ルートヴィヒ・エアハルトの抵抗に対し、アデナウアーは同時期に「動的年金」の原理を認めさせた。それは年金に所得レベルの上昇を連結するもので、いちどきに六五％もはね上げるものだった。この構想はうまくいき、今日に至るまで年金生活者は、公務員に並んでCDUに投票してくれる頼りになる大軍である。社会保険の導入の際にも保守主義者オットー・フォン・ビスマルクが導いた計算があった。初代帝国宰相ビスマルクは国家の年金による軍を創設するつもりだと当時の野党である社会民主党と労働党は批判し、有権者が離れるよう仕向けた。

一九七二年の年金改革の際にも、歴史家ハンス・ギュンター・ホッカーツが書いた「政党間の競争の利用とその欠点」の教科書にあるような顛末が繰り返された。CDU／CSUの圧力に始まり、ＳＰＤ率いる政権は、年金支給開始年齢の引き下げ計画を年金レベルの引き上げに結びつけた。その改革は、ヴィリー・ブラント（ＳＰＤ）のやっかいな改革政策に苦労した有権者に歩み寄ったものだった。各党は妥協し、ホッカーツが書いたように「さらなる民主化路線が一服し、父親的な社会福祉国家への憧れが表面化した」。しかし成功を手にしたのは野党の連合ではなく、いつものように政権政党のほうだった。続いて行われた議会選挙において、ＳＰＤが史上最高の大成功をおさめた。

CDU／CSU連合へ

それゆえ有権者は正しい本能に従い、シュレーダーの改革アジェンダに対する抗議の思いから、まずはＣＤＵ／ＣＳＵ連合に向かった。ドイツ連邦共和国発足後の五〇年間というもの、まるでパパとママの間で甘やかされる子どものように、有権者は二つの政党が物質的な有利さを追求し合うのに慣れていた。そのためＣＤＵ／ＣＳＵ連合は、合計するとより長く政権を握っていた。というのもＣＤＵ／ＣＳＵ連合は、福祉国家という保守的な理念の持つ快適さにＳＰＤよりも歩み寄っていたからである。成果主義と能力主義社会という付随する理念は、多くの有権者にとっては宿題は済んだのかという親の質問のようなものだった。

左翼政党の政治的再編が、二〇〇三年のアジェンダ論争の時ではなく二〇〇五年の総選挙にようやくなされた理由も、このメカニズムにより説明できよう。ライプツィヒ党大会において、初のCDU女性党首メルケルが登場し、税制の専門家パウル・キルヒホーフがノミネートされ、この二人の福祉政策には何も期待できないことが有権者の末端にまで明らかになり、既存の政党の対岸に、政治を新たに再編する余地が生まれた。最後には、CDU／CSU連合も、左翼政党の成功にならった路線変更を行った。SPDのアジェンダ政策だけがそうしなかった。

メルケルの「社会民主主義的に」とは

メルケルは、社会民主主義的な観点から改革戦略に同意を得ることを、当面放棄した。長期的にみるなら、左翼の支持基盤を得たことは、彼女にとって大きな戦略的有利さだった。つまり、新しい党は対抗者たちによって分裂し、「裏切り者」のオスカー・ラフォンテーヌでは、SPDは東ドイツの地方政党PDS以外には連立できなかった。したがって選挙結果は悪かったが、機敏なメルケル率いるCDUが鍵になって大連立政権が成立した。

したがってメルケルはCDUを「社会民主主義化」したわけでは全くない。その反対に、ライプツィヒ党大会及びキルヒホーフの加わった選挙戦の時期に、CDUにおける社会民主主義者の根っこを取り去ったのである。SPDとの大連立も役に立った。連立政権を組むパートナーに関し譲歩したことで、またもやのコース変更も目立たなかったからである。しかし、実際には社会民主主義者は、ハルツ改革（シュレーダー政権による労働市場改革）の部分的後退に対し、当初ＣＤＵ政治家リュトガーのイニシアチブによる激しい抵抗を行った。ＳＰＤの社会労働相フランツ・ミュンテフェーリングは、年金の六七歳開始を導入することによって、改革政策を継続しようとした。計画はメルケルの同意を得たものの、年金生活者に弱い党代表は、このテーマに触れることはなかった。

おそらくメルケルの政策において「社会民主主義的に」とは、責任ある政治を実践的に開始するという意味である。かつてヴァイマール共和国期に、ＳＰＤが自己欺瞞ぎりぎりのところまでそうしたように、イデオロギー的な原則の向こう側に建っているものは、川の対岸にそのままとどめておこうという試みである。しかし、メルケルには、公共の福祉のために必要だからといって自らの多数派形成能力も危険にさらす傾向はほとんどない。そのほうが選挙戦略には有利である。

メルケルに対するＣＤＵ党内の「保守派」の抵抗を組織化する試みが失敗したのは、保守主義と経済的な自由主義の二つが同じだという誤解のためではない。この二つの原理のあいだには、実際に大きな矛盾はほとんどない。ドイツの保守派は、国家志向が伝統的な特色である。アングロサクソンの世界では、政治的組織の形態自身が市民社会の本質的なものであり、外国によって支配された長い伝統を持つ南欧の一部の国では、国家は、コンサルタントを理由に搾取する遠く離れた組織とみなされていた。それに対しドイツでは、かつてのプロイセンを筆頭にバイエルン州やヴュルテンベルク州、バーデン州といったドイツ南部諸州において、国家が、近代化と改革の代理人だった。この国では、市場経済と資本主義もその子どもだったのである。

こういう伝統がきわめてはっきり示されるのは、バーデン州の保守系政治家ヴォルフガング・ショイブレの場合である。ショイブレ七〇歳の誕生日にベルビュー宮殿で催された昼食会で、「あなたのことを思うと、政治哲学者ドルフ・シュテルンベルガーによる『国家の友』という言葉が浮かびます」と連邦大統領ヨアヒム・ガウクは語った。「シュテルンベルガーは、この言葉により『政治における心の持ち方』を、つまり『国を愛する』心のあり方、都市や州、祖国のために必要な心を表したのです。親愛なるショイブレさん、そのような意味において、あなたは我が国の友人です。自由を保障するためには、国家が必要であることをわかっているのです」。ドイツ座で挙行されたショイブレの誕生日の祝典に、メルケルも演説したが、注目すべきことにショイブレの人柄に関しては立ち入らなかった。

社会モデルや国家理性だけではなく、保守派における家族のあり方もまた、純粋に自由主義経済的なものとは一致しがたい。元バーデン＝ヴュルテンベルク州首相エルヴィン・トイフェルは、とりわけそのことを繰り返し指摘した。専門家不足を憂慮する経営者団体は、できるだけ多くの女性を職業に活用することを求め、子どもの保育時間を増やし、父親や母親の育児にかかわる時間をできるだけ短くする。保守的な考えの模範として賛美される「育児金」は、企業から労働力を奪い、そのうえ税金の負担を増やすので、企業の賛成はむろん得られない。要するに、他の大事なことを後回しにして金を多く稼ぎ、できるだけ多く消費し、それによって国民経済を活気づけるという目的は、節度を守るというキリスト教的な理想とは一致しがたい。

過去何十年間において、これほど国民総生産が上昇したのは、伝統的な家族の枠組みが崩壊したことが大きい。それまで統計上は表面化しなかった能力が、経済活動の分野に移行した。魔法瓶や家庭料理の代わりに、テイクアウトのコーヒーやスープバーが登場した。家での育児に代わり、社会保険による保育士が現れた。掃除の外注を利用するのは、かつては上流階級の特権であったが、社会階層のずっと下方まで拡大した——とはいえ、たいていの場合は、あいかわらず公的な統計に出されなかったが。

加えて、イスラムをめぐる論争により、世界観の最前線が混乱した。二〇〇六年にバーデン＝ヴュルテンベルク州自治省は、イスラム系の定住希望者のためのガイドブックを導入した。さらに、ドイツ国籍の取得に関し、同性愛者と女性解放論者を積極的に受け入れる体制への準備を開始した。保守的なイスラム教徒に対抗し、保守的なドイツ人の政治家によって行われた革新により、それぞれの伝統的な立場に固執することは困難になった。CDUの政治家たちは、キリスト教教会の偉大さを知っていたので、ムスリムの宗教授業や大学における宗教講座などの試みも原則的に支持した。イスラム教徒だけの関心事にとどまらず、宗教の役割を公的に問題にする意識があったのだ。

いわゆる「保守派」のメルケル批判者は、たとえばコール元首相のアドバイザーだったゲルトルート・ヘーラーの著書にみられるように、考察の焦点がずれていることが多い。アンゲラ・メルケルが旧東ドイツ市民だったからといって、昔の体制で学んだ計画経済を現在のドイツに再び導入するという議論はおかしい。またユーロ危機に関しても多く書いている。

メルケル首相の無能の証拠として、元CDU議員団長フリードリヒ・メルツも、アメリカのノーベル経済学賞受賞者ポール・クルーグマンも引きあいに出している。メルツは、金融引き締め政策に基づき、債務超過諸国をユーロ加盟国から追い出すことを支持し、その反対にクルーグマンは、財政出動と量的緩和政策を主張している。文学研究者であるヘーラー女史はこれに注意を払っていない。メルケルを非難する記述のせいで、政治的路線の問題が無意味になっている。

ドイツ人の大多数は非常に保守的であるが、それにはいささか別の意味がある。メルケルは、政治の経験を積むうちに、苦労しながら西ドイツ特有の保守主義に馴染んでいったのである。たしかにドイツ人は、この数十年間で、より自由主義的に、よりオープンになった。ヘルムート・コールの時代は、ドイツの社会が近代化する重要な段階だった。「赤緑（SPDと緑の党の連立）政権」の初登場は、こういう発展を公に証明している。ＣＤＵ党員のステレオタイプというわけではないアンゲラ・メルケルが首相になったのも、この流れを抜きにしては想像しがたい。

それがとてつもない変換をもたらすものであるにもかかわらず、ここまで徹底的に変化する下地は、西側の民主政治体制の中だけにあった。あらゆる政治形態のなかでも民主制の多数派支配は、かつてビスマルクが帝国議会普通選挙権を導入する際に理解したように、最大の守旧勢力となる。満ち足りた西側社会では、豊かさを失う恐怖も加わる。この現象は、ドイツでは連邦制と頻繁な選挙、そして簡単には連立を組むことのできない比例代表制によっていっそう強まった。

このような保守的な要素は、常に呪いであったわけではなく、ときに祝福でもあった。もし、サービス産業（第三次産業）社会への近代的な転換が、政治によってもっと大きな破壊力で促進されていたならば、ドイツの輸出業において賞賛された製造業の基盤は成立しなかっただろう。ドイツの生活圏もまた、過去二〇年ですでに著しく変化し、スピードアップした。一九九〇年夏に行われた（東西ドイツの）通貨同盟とともに、この国の東側を襲った近代化ショックは、少し遅れて西側へと伝播したのである。

メルケルが党首に選ばれた当初の数年は、近代化路線に賛成する若いＣＤＵ政治家と話すと、よくこう言われた。「待っていればいいのです。二、三年でＣＤＵは別の党になります」。今日、この言葉は事実になった。この離れ技のうちの一つは、原子力政策である。

第4章　三・一一フクシマ原発事故後の素早い「脱原発」決断

原発稼働期間の延長

二〇一〇年九月一五日、議会に居並ぶ人々に、メルケル首相のもう一つの面が明らかになった。SPDとの大連立からFDPとの同盟に乗り換えてから約一年が過ぎていた。メルケルは、選挙当日の夜、「全てのドイツ人のための首相」として続投することを表明した。この原理に基づき、メルケルは政治を行い、当初はドイツ人の大多数をできるだけ怒らせないようにしていた。年初には、ギリシャの国家財政の破綻を避けることはできなかった。初夏には、メルケルが選んだ連邦大統領ホルスト・ケーラーが逃げ出してしまった。しかしユーロをめぐる議論はとりあえず収束し、大統領の退陣をよい機会に、メルケルは党内のライバルをベルビュー宮殿（大統領府）に送り込むことにした。

メルケルが国会で財政に関する答弁をやってのけたその日の場面も見ものだった。長い答弁の間中、合意に関しては何も触れず、メルケルは、よりにもよって野党が優勢を占めるテーマでの対決を試みた。バーデン＝ヴュルテンベルク州都での地下駅建設計画に反対する市民に、メルケルは正面から対峙した。「緑の党はいつも鉄道路線の強化には賛成です。しかし新しい駅を建設するということになると反対するのです」とメルケルは議会で説いた。「こういう頑固さが、ドイツが前進できない理由です」。翌年の年初、州議会は「シュトゥットガルト21」計画に関する市民の審議を予告した。

さらにメルケルは、もう一つのテーマに一直線に向かった。メルケルは「イデオロギー上の理由で、原子力発電所を停止するのは好ましくない」と言った。「イデオロギーに基づくエネルギー政策」は、国際的な競争において意味をなさないというのである。その一〇日前、メルケルは官房で行われた「原子力サミット」において、赤緑政権で合意した原子力協定を取り消し、ドイツの原子力発電所の稼働期間は、平均一二年間延長された。

「原子力？　ノー！」と書かれた黄色と赤色のポスターが、再び国中に掲示された。そのポスターは、レトロ風のスニーカーだとか、七〇年代風の茶色と橙色の壁紙だとか、ノスタルジックな雰囲気を拡散した。真面目に受けとめられたわけではないが、この国において古き西ドイツが、奇妙な演出でもう一度演じられたのである。よりにもよってそれは、「黒緑（保守派だが環境意識が高い）」という新しい市民意識を体現し、イデオロギーに縛られることなく、ドイツのためにプラグマティックに行動するメルケル首相のもとで起きたのだった。

二〇一〇年の夏の終わり頃、メルケルがまるで収容所の首相のように見えた動機は明白である。任期最初の半年間では、ＦＤＰと税制をめぐる議論を行い、傷を負った。さらにノルトライン＝ヴェストファーレン州の州議会選挙で敗北した。今度はバーデン＝ヴュルテンベルク州議会選挙が目前に迫り、メルケル党首は、ＣＤＵ支持基盤の中心である選挙区で、黒黄（ＣＤＵ・ＦＤＰ）連立政権のアイデンティティを賭けて戦うことになった。

歴代の州首相をＣＤＵから輩出したこの地で、万が一にでも緑の党のヴィンフリート・クレッチュマンだとか、ＳＰＤの誰かが新しい州首相になるようなことでもあれば、ＣＤＵは大打撃を受ける。メルケルは、ＦＤＰとの新しい連帯において、以前の黒赤（ＣＤＵ・ＳＰＤ）連立との違いをアピールしなければならない。

ドイツ南部の諸州では、選挙民を動員する方法が異なるため、この法則がいっそう重要になる。北ドイツの広大な平原では、ＣＤＵという党の性格は角が取れて丸くなり、中道の方向に転がるようになった。従ってノルトライン＝ヴェストファーレン州のユルゲン・リュトガーや、ニーダーザクセン州のクリスティアン・ヴルフや、ハンブルクのオーレ・フォン・ボイストの場合には、少なくともしばらくの間はうまくいっていた。一方の南部では、本当にしっかりした支持層は、選挙戦のための陣営があって初めて動員できるのであり、どちらの陣営も戦略を信奉している。バイエルン州ではCSU（CDUの姉妹政党）が行うので心配する必要はない。バーデン＝ヴュルテンベルク州の選挙はCDU党首メルケルの任務である。

二〇〇九年秋にベルリンで行われた政権構築では、メルケルはすでに将来に備えていた。長い間謎だったのは、メルケルが、ブリュッセルに派遣されていた欧州委員会エネルギー担当委員ギュンター・フェアホイゲン（SPD）のポジションに、いったい誰を送るかということである。選ばれるのは、昔からの盟友ペーター・アルトマイアーだろうか？

彼は、以前EU官僚だったので、仕事をよくわかっている。それともノルトライン＝ヴェストファーレン州のCDU地方支部長ペーター・ヒンツェだろうか？　あるいはまた彼女のライバル、ローランド・コッホだろうか？　彼はSPDのアンドレア・イプシランティに打撃を受け敗北も同然の有り様だったが。

彼らのうちの誰も選ばれなかった。連立の合意が成立した日になってもまだCDU首脳部は秘密にしていた。「みなさん驚くと思います」。

欧州委員会エネルギー担当委員に選ばれた者の名前は、ギュンター・エッティンガーといった。メルケルは、バーデン＝ヴュルテンベルク州出身の友人の要望を聴き入れ、いわゆるアンデス協定（メルケルに対抗するグループ）の一員であり、メルケル自身のライバルでもある男を選んだ。エッティンガーが、故ハンス・フィルビンガー元州首相に捧げた追悼演説は、不評だったばかりか生前の名声をも傷つけるものだった。また他の機会には、エッティンガーは自分の政治力をあからさまに語った。前任者ロタール・シュペートとの対談で、自分は「コールの後継者とみなされ、最後にはコールの地位をも脅かした」と言ったのである。メルケル首相の地位も脅かすのかと問われ、彼は言った。「私はとにかく三年間は権力があるので、まあ待っていなさい」。いずれにせよ彼は、ベルリンの官僚を信用していたのである。「人情というものはどこでも変わらない」。

エッティンガーに関しては、メルケルの決断も納得できるかもしれない。だがエッティンガーに続く後継者シュテファン・マップスを見るとそうでもない。シュテファン・マップスとは、野心的なＣＤＵ支部長であり、保守派の偶像フランツ・ヨーゼフ・シュトラウスが、もっとがっちりして騒々しくなって再登場したような男である。ほどなく、彼を指名したのは、決定的な間違いだったと判明した。これはいわばキャスリング（チェスの指し手でキングをルークと入れかえて安全な場所に移すこと）だったが、明らかにメルケルの友人、教育・研究相アネッテ・シャーヴァンと幹事長フォルカー・カウダーの助言によるものだった。カウダーは、マップスの二人の息子のうちの一人の父親代わりであり、短期間ではあったが女性同盟出身の閣僚夫人シャーヴァンのことを良く知っていた。メルケルは、マップスのおかげで、彼のパートナーで、バーデン＝ヴュルテンベルク州の女性環境大臣として従来からＣＤＵ党首を援助したターニャ・ゲンナーとのつながりを持つようになった。

二〇一〇年の夏、マップスは、ドイツの原子力発電所の稼働期間の延長を強く求めた。それも原子力を推進するバイエルン州やヘッセン州に向けてである。しかし、連立政権における重鎮たちは、二〇一〇年九月五日の夜に官房で会合し、見解をまとめた。まずは当時の環境大臣ノルベルト・レットゲン――ちょうどノルトライン＝ヴェストファーレン州ＣＤＵ支部長を争っていた――に態度を明確にするよう要望したのである。年明けた春に、レットゲンは「原子力エネルギー問題については、党員個々人による態度表明を考慮してもらいたい」と党に提案した。

いまや稼働期間の延長は避けられなかったが、抵抗するレットゲンはできるだけ早期に停止すべきだとした。だがレットゲンの提案に味方する者はいなかった。重鎮らは首相に内々に返礼したに違いない。レットゲンは、幹事長カウダーと選挙後のポストを争ったし、ＦＤＰ党首ギド・ヴェスターヴェレについても、ローマ帝国末期の退廃に関する論文を書いたことで「回復不可能なダメージを受けた」と批判した。官房長官ロナルド・ポファラは、かつて原子力を

「エコ・エネルギー」と言った人物であり、レットゲンの単独インタビュー記事が掲載されて以来、レットゲン環境大臣の味方ではなくなっていた。そしてメルケルには、かつての部下の成功のために身を挺して助力する理由はなかった。この時期まさにレットゲンは、メルケル首相から独立し、自分自身の権力基盤を作ろうとしていた。当時のメルケル側近は「ノルベルト・レットゲンには人に抜きんでようとする激しい野心があった」と語った。

「原子力はエコ・エネルギーである」

権力バランスについての判断を誤ったドイツの経営陣は、メルケルが決断する直前になってなお稼働期間の延長のため広報キャンペーンを打った。明らかに経営者側は、世間の大部分を味方につけた環境大臣の勝利を恐れていた。メルケル首相は経済的な利益だけを求めるという印象があったため、彼らにはむしろ不利だった。原子力によって得られる利益の配分に関する協定を、政府が原子力産業側と密かに結んだことが洩れて、その印象はますます強まった――メルケルは、国家財政にその利益を還元することを意図していたのだが。

メルケル首相の行動は、権力政治家の本性に忠実だった。原子力コンツェルンは、ＣＤＵ内の経営者支持層と連立パートナーＦＤＰとの間で、まさに伝動装置のような役割を果たしていた。黒黄連立政権の最初の数カ月で放置されていた彼らにシグナルを送るため、メルケルは、稼働期間延長に与《くみ》していたのである。

プログラムどおりの方向転換は、時間をかけて周到に準備されていた。二〇〇八年の夏、議会選挙を前にCDU首脳部は、環境政策に関するテーゼを採決した。それにはドイツの原子力発電所の稼働期間延長がすでに含まれていた。その採決の後、当時の幹事長ポファラの発言があった。「CDUにとって原子力はエコ・エネルギーである」。

世論調査では、エネルギー価格の急激な上昇を背景に、原子力発電所の稼働期間延長に賛成多数との結果が発表された。赤緑政権が脱原子力を決定して以来、初めてのことだった。従来のエネルギー源を全廃することが現実的かどうか、あるいは少なくとも移行期には火力発電がまだ必要ではないかと緑の党側では激しい議論が起こった。

稼働期間延長はまだ決定されたわけではなかった。この件に関するCDUの決議の全てに責任を負っていたのは、メルケルただ一人だったかもしれない。選挙公約には減税もあったが、メルケルはこれを早々にお蔵入りにした。一般大衆には、CDUの路線変更に対する評判は悪くなかったが、FDPの抵抗ぶりは政治にそぐわない強情な印象を与えた。したがって原子力問題におけるマジョリティは、すでに変化していたのだ。

二〇一〇年の夏が終わる頃、メルケルは原子力を推進する姿勢を示した。それは二期前にイラク戦争賛成の論陣を張った時と似た理由だともいわれる。メルケルがそうしたのは、ドイツ人の原子力に対する恐怖心や平和主義を過小評価したからではない。センセーショナルな効果を得られるのは確実だと思ったからこそ、わざわざこのテーマを選んだのである。冬の間ずっと官邸前に集まっていた怒り狂う群衆のデモほど、収容所の首相を演じるのに好都合なものがあっただろうか？　南ドイツの保守的な男性たちにアピールするには、みえない放射能の恐怖に少しも動じないメルケルというのが最上である。現代のドイツにおいて、軍事進攻のように壮大なテーマがもしあるとすれば、こうした原子力問題だろう。東西ドイツが対立した時代には、「核」という言葉は「戦争」に直結していた。だから電力コンツェルンは「原子力エネルギー」と言い換えて印象を良くしようとした。原子力、そして戦争という問題に直面した時には、臆病者の対極にある腹の据わった現実主義の政治家こそが重要である。現実主義の政治家にとって怖いのは、世界が電力を失って闇に閉ざされ、電灯もなく森の中に暮らすことのほうである。

メルケルは、一度決断するといつもそうであるように、一直線に行くところまで行く。官邸会議の直前、メルケルは「電力出張」を行った。メルケルはエムスラント（ニーダーザクセン州）の原子力発電所を訪れ、ＲＷＥ（ライン＝ヴェストファーレン電力会社）取締役会長ユルゲン・グロースマンと一緒に写真に写った。

この男は、原子力反対派には悪魔にも等しい存在である。押し寄せたジャーナリストたちは、危機が間近に迫っていると推測した。おりしも雨が降っていた。陰気な北ドイツの空に、原子力発電所の冷却塔や反応炉のドーム、そして排気用の煙突がそびえていた。コンクリートの外壁や鉄条網、深い壕のある風景は、かつての東ドイツを思い出させた。その一方で、アメリカのテレビアニメ「ザ・シンプソンズ」に登場する一家の父ホーマーが、原子力発電所の安全検査官として働いていることも思い出された。冷え冷えとした空気の中、鉄道の貨物車両のあたりに水蒸気が漂っていた。

取材のために集まった記者たちは、建物の中の社員用カフェテリアで待っていた。ぼんやりした蛍光灯の下に、観葉植物のゴムの木があった。そこに突然、会長のグロースマンが現れた。がっしりした彼の姿を見ると、俳優のピーター・ユスティノフのことをいつもちょっと思い出す。彼は、食堂の大鍋に近付き、肉厚の手でスープレードルを持ち、ヴェストファーレン風スープを規定量だけすくい、トレイのサンドイッチを手に取った。その額に流れているのは汗なのか、それとも雨が降っているせいなのかわからなかった。

椅子に座ったグロースマンは、さりげない調子で「私は、ここ数年メルケルさんと親しくしております」と言った。メルケルの前任者（シュレーダー首相）とも、どっしりした赤ワインを楽しんだのだ。この男に率いられた電力会社経営陣が、原子力広報キャンペーンを打った後には、メルケルは原子力機関の執行部の一員と思われないように苦心した。この頃メルケルはインタビューで語った。「いつもこうなるのです。何かの問題で、プレッシャーのかかる事態になると、たいてい大きな抗議運動が起こります」。

メルケルの原子力政策は、たしかに権力政治（パワー・ポリティクス）の術数により動いているが、彼女が原子力に対し全く恐怖感を抱かない様子は、必ずしも演技ではない。メルケルが女性物理学者だったことを考えてみてほしい。むろんメルケル首相の政策の全てが、彼女の専門分野で説明できるわけではない。権力政治の問題では、今や歴史的な人物であるヘルムート・コールのように振舞うし、政治上の指示書を見る時には、その距離を置いた眼差しは、社会のアウトサイダーの視点に近いものがある。しかし、原子物理学の問題では、政治家になる以前の職業が重要である。

メルケルが不用意に原子力問題に関わり失敗することはない。一九九四年から一九九八年にかけて環境大臣だった際、メルケルは、西ドイツの原子力反対運動のことをよくよく学んだ。当時、ゴアレーベン（ニーダーザクセン州に位置する核廃棄物処理場の地域）の立ち入り禁止区域を囲う柵越しに、反対派と国家権力についてメルケルは議論した。そのうえで核廃棄物輸送を実行したのは彼女だった。また、その際、貯蔵コンテナの強度が充分でないため、メルケルにも健康上のリスクがあるという報道を差し止めた。当時すでに、政治的戦術にそれほど長けていたのである。核廃棄物をめぐる攻防が延々と続く中で、メルケルは、小規模に方向転換を実行した。脱原子力の際にはこれを大規模に行ったのである。

メルケルは、科学技術の勝利を根本では信じている。「原子力エネルギーより、(従来型エネルギーに関わる)鉱山のほうが死亡者は多かったのです」とメルケルはたびたび言ったものである。ヴェンドラント(ゴアレーベン周辺地域)では、核廃棄物に関する彼女のコメントが大きく報道されてしまった。「どこのキッチン(原子炉)でも、ケーキを焼くにはふくらし粉(プルトニウム)を入れます」。

そのうえメルケルは、原子力産業において最も危険なプルトニウムについて「コントロール可能」と言った。当時どんなにメルケル自身が確信しており、当時のヘルムート・コール首相の後ろ盾があったにしても、それで安全性が解決されるわけではない。

メルケルの伝記を書いたエヴリン・ロールは、当時、ニーダーザクセン州首相だったゲルハルト・シュレーダー周辺の発言を引用した。「それで我々はやっと気づいたんだ、やれやれ、ぺらぺら話したことがとりわけしっかり残ってしまう――党の路線がどうであれ、ああいう言い方をするのは確信があるからだ。女性科学者の確信というものだ。あれは本当に危険だろう」。当時のメルケルは、旧西ドイツにおける原子力エネルギーへの根深い拒否感に直面した――このテーマをめぐる長い闘いを、旧東ドイツにいたメルケル自身は初めから経験したのではなかったが。

チェルノブイリ事故

原子力が社会の進歩に役立つという考えは、本来は保守派のものではない。一九五九年のSPDによるゴーデスベルク綱領ほどの手放しの礼賛は、どこにもないだろう。「人間は、原子力時代において、苦労なく、心配もなく、全ての人間のための福祉を成し遂げる――それが我々の時代の希望である。日々拡大する人類の力を、自然に対して平和目的にのみ用いるとすれば」。

ドイツ連邦共和国の歴史上初めての原子力発電所建設を、南バーデンのヴュールにおいて阻止したのは、現地の農民たちだった。SPDが彼らを支持したのは、一九八二年に政権から離脱した後のことである。

旧東ドイツで研究者だった時期、メルケルの読書量は多かった。とはいえ、一九七七年のロベルト・ユンク『原子力帝国』（旧西ドイツにおける反核運動の古典）は、その中にない。ユンクは、原子力をめぐる安全性のリスクは、完全な監視国家によって管理されるだろうと予測したが、これは幸い実現していない。当時のブロクドルフ（ハンブルクの北西）の原子力発電所プロジェクトや、後にはヴァッカースドルフ（ニュルンベルクの東方）の再処理施設の建設計画の際、反対運動に対し警察力が投入され、こういう印象をもたらしたのである。

原子力への不安感が、個々人にまで浸透したのは一九八〇年代である。もはや原子力は、社会や将来の世代のためのものではなく、むしろ個々人への健康被害に関わるものになった。それは一九八六年のチェルノブイリの原子力発電所事故――旧東ドイツよりも西側社会において大きな騒ぎになった――の影響が大きい。この時代に旧西ドイツで学校に通っていた子どもたちは、当時の警報を今なおはっきり覚えている――東風が吹いたら窓を閉めなければならず、森できのこやブルーベリーを集めることももうできない。たとえば大学街に住んでいる人が、いつものように六時限終了後にカフェテリアに行ってメニューを見ると、ショッキングな知らせがある。いつものブリキの皿に、突然、シカ肉のステーキやノロジカの背肉のような高価な料理が乗っている。というのは放射線物質の基準値規制のため、それらの食材は市場で流通できなくなったのだ。値段の安さを重視した学生会は、それを調達したのである。

その頃、子どもたちはもはや遊び場に行くこともできなかった。砂場の砂が汚染されている可能性があるからだ。とりわけ不安を生んだのは、その脅威が目に見えないことだった。こうしたチェルノブイリの背景なしには、のちにドイツの村において携帯電話基地局を設置する際に、何が起きたか理解できないだろう。放射能と同じように見えない電波を恐れた住民は、激しく延々とアンテナ鉄柱の設置に反対したのである――たとえこれが大都市ではほとんど理解できない反対運動だとしても。

ドイツの特殊性は、メルケルが信じるように原子力への国民の不安感では実のところない。たしかに現時点では、世界中で原子力発電所は停止されるよりも新設されている。しかし、オーストリアでは、一九七八年に国民投票でツヴェンテンドルフに完成した原子炉を稼働しないことを決定した。八年後のイタリアでは、四つの発電所を一九九〇年まで停止することを国民投票で採決した。当時、すでに稼働中の発電所を完全に停止した唯一の国がイタリアだった。二一世紀になって以来、さらに多くの国が続いている。二〇〇三年、ベルギーが二〇二六年までの脱原子力を表明した。二〇〇六年にスペインは、二〇二四年までの原子力発電所の操業停止、二〇一一年にスイスは、二〇三四年までの原子力エネルギーからの離脱を発表した。ちょうどドイツで現政権のカラーに従い変更されるように、どの国でも稼働期間の延長と短縮の問題ばかりが議論された。原子力発電からの完全な離脱は、どの国でも行われなかった。福島の大事故は、フランスのように原子力への依存度の高い国や日本においても、科学技術の持つリスクに関する新しい議論を巻き起こした。

　ドイツ人の持つエコロジーへの憧れの念を、メルケルは長い間、気候変動政策に活用していた。それは、メルケルの自然科学を好む気質にも適していた。メルケルには、原子力エネルギーの平和利用は可能のように思われ、二酸化炭素排出と地球温暖化問題を重視していた。そのうえ温室効果ガス排出に関する国際的な削減は、国内の選挙民に直接関係がないという利点があった。二〇〇七年六月のハイリゲンダム気候変動G8サミットに、首相就任後一年半で赴いたメルケルは、国際的な舞台で大きな成功を得た。かつて環境大臣として参加したサミットで、経験を積むことができていたからである。

メルケルが、このテーマへの意欲を失ったのは、二〇〇九年一二月一八日だった。冬のスカンジナビア半島らしく陰鬱で、氷のように冷たく寒いその日、コペンハーゲンのカンファレンスセンターのコンクリートビルの中で、気候変動会議は成果なく終わった。その前日、メルケルは、地球気候を救う希望を持って到着した。だが彼女は、そこではもはや何も提案できなかった。中国首相の温家宝は、会議場に入ろうともせずホテルに留まり、全く譲歩しなかった。とうとうアメリカ大統領バラク・オバマが独自に接触し、中国とミニマムコンセンサスを取り決めたが、それはヨーロッパの希望をずっと下回るものだった。ドイツのメルケル首相は、地球気候の保全について、もはや多くを語らなかった。ドイツ人は、このテーマに幻想を抱いていたと悟ったのである。

フクシマ原発事故と脱原発

アンゲラ・メルケルが二〇一〇年夏に決めた原子力発電所の稼働延長は、コペンハーゲンで幻想を捨て去ったことに関係がある。だが問題は二つ残っていた。メルケルは時代に合わない原子力宰相だという評判をのがれるにはどうしたらいいのか？　そしてなにより世界のどこかで第二のチェルノブイリのような原子力事故が起きたらどうするのか？

どの疑い深い人々が想定していたよりも早くその答えは出された。官房で行われた「原子力サミット」のたった半年後の二〇一一年三月一一日午後、日本の東北地方沿岸部に地震が発生し、福島の原子力発電所を津波が破壊し、六基の原子炉のうち四基が制御不能になった。あの金曜日の時点ですでにメルケルは、ドイツの原子力の将来的展望について「もう終わりだわ」と内輪で言ったという。前年にあれほど激しく稼働期間延長を要求した二人の閣僚は、今はメルケル首相自身の行動を促した。シュテファン・マップスのほうは二週間先に地方議会選挙を控えていたし、ホルスト・ゼーホーファーは常に世論の変化に合わせることを心得ていたのである。

週明けの月曜日、「ドイツの全原子力発電所を安全確認し、最も古い原子炉を少なくとも三カ月間、即座に停止する」と政府は発表した。その間に「安全なエネルギー供給に関する倫理委員会」が元環境大臣クラウス・テプファーを会長として設置され、今後の措置を推進することになった。経済大臣のライナー・ブリューデレ（FDP）がある会合で示唆したところでは、このモラトリアム期間は、地方議会選挙戦をにらんで設けられたのであり、もし政権内で脱原子力に反対する者がいたら、それを防ぐためだという。従ってテプファーによる倫理委員会は、早々に政治的に期待されていた結論に達した。六月六日、内閣は、稼働期間延長を撤回するだけではなく、赤緑政権のもとで計画されていたよりも早期の脱原子力を目指す包括的「エネルギー転換」を決定した。連邦議会議長ノルベルト・ランメルトは、六月九日に議会を開催し、法規改正の長々しいリストを読み上げた。

メルケルは原子力問題における態度変更の理由を説明しなかったとよく言われる。だが、この時はそうではない。メルケルは、根拠があったかなかったか詳細にその質問に答えた。「日本で発生したあの劇的な事故は、私個人としても転機になりました」とメルケルは説明したのである。「日本のように高度な技術を持った国でも、原子力エネルギーのリスクを制御できないと気づかされたのです」。

そのためメルケルは、判断を改めた。「原子力に関し、どんなに安全を追求しても残る危険性を許容できるのは、ヒューマンファクターによって大事故が生じないと確信する人だけです。けれども、もし大事故が起きてしまったならば、その結果は、空間的にはもちろん時間の次元でも破壊的ですので、そのリスクは、他の代替エネルギーをはるかに上回ります」。そしてその際には、地震や日本で起きた規模の津波が、ドイツであり得るかどうかは問題にならないと言った。

それは、メルケルがユーロ政策を最後の段階で変更した時に似ていた。つまりメルケル首相が、今までの野党の主張をまさに文字どおりに借用したので、その新しい立場に野党はほとんど反論できなかった。二〇一一年六月三〇日、連邦議会は脱原子力を決定した。左翼党を除く全ての会派が賛成した。政権側の議員七名だけが反対票を投じ、ＳＰＤでも二名、緑の党では誰も反対しなかった。ドイツにおける原子力エネルギーの終焉を初めて支持した緑の党では、最終決議に向けて臨時党大会で激しい議論があった。たとえ代表が今やＣＤＵ党首だとしても、緑の党の人々は自らの立場に忠実だった。そうすることによって緑の党は社会における勝者の側に立ったことを認めたのである。緑の党は三〇年間も戦ったのち勝利を手に入れた。

驚くべきことに、メルケル首相に汚点は何も残らなかった。原子力発電所の稼働期間延長の件も、バーデン＝ヴュルテンベルク州議会選挙の人選ミスも、ほとんどマスコミに釈明を要しなかったのは、福島の大事故のおかげである。「決断の秋」とメルケルは二〇一〇年下半期を名づけたのだが、その戦術的な目的は達成された。日本から発信されたニュースは、社会が動く方向に合わせる機会を与えたのである。このような要因がなかったらそれは難しかったかもしれない。いささか悲しげなシュテファン・マップス大臣――メルケルが自ら入閣させたのだが――は、従来通りの保守的な立場では、バーデン＝ヴュルテンベルク州はもちろんどこの選挙でもＣＤＵは勝てないし、ＣＤＵ刷新はもはや常識的な案ではできないという生き証人になってしまった。

エネルギー転換の際には、むろん政治における大改革と同様に、あつれきがすぐに始まる。メルケルの大転換によって、新エネルギー源の創出が予想より早く軌道に乗ったことは大きな驚きだった。電力株の価格は下がり、太陽エネルギーの助成プログラムは、発電者に一定の買い取り価格を保証したので、だんだん高額になった。平均的世帯の電力コストが月額五ユーロ上昇すると報道された二〇一二年秋の大騒動が頂点だった。

メルケルはエコ・エネルギー賦課金の高さに自分自身驚いた。しかし同時に、メルケルにとってドイツ人は一度ならず未熟な子どもたちのように見えた。つまり、現在、ドイツ人は脱原子力を達成し、そして今度はまた気が進まない——というのも強制的であるうえに、縛り付けられてしまったのも明らかなのだから。そういう状況でメルケルは、駄々をこねる子どもに譲歩し、とうとう大きなアイスクリームを買ってやる母のようだ。今度は、子どもがまだおなかがすいていてもっと食べたいかどうか、子どもにおやつがよくないかをみてやらなければならない。

第5章　「旧東ドイツ風リベラル」から「自由主義・資本主義」へ

東ドイツ出身の女性政治家

アンゲラ・メルケルは、連邦首相官房内の「円形劇場」と呼ばれる大会議室に入り、階段状に並ぶ巨大なひな段を見渡した。政権の中心部である首相官房はヘルムート・コールによってきわめて男性的なサイズに設計されていた。メルケルは、もう三年以上もこの城の女主人である。

二〇〇九年一月二六日、婦人参政権九〇周年を記念したこの日の招待客リストには、ほとんど女性の名ばかりが並んでいた。ひな段の最前列には、ＣＤＵとＳＰＤの女性閣僚、元ＦＤＰ

（自由民主党）党員ヒルデガルト・ハム＝ブリュッヒャー、女性誌『エマ』編集者のアリス・シュヴァルツァーが座っていた。

この機会にシュヴァルツァーは小さな論文集を編纂した。「女の選挙――女性の選挙権獲得から初の首相選出まで」。初の女性による投票が行われた一九一九年に始まった歴史は、メルケル首相で完成されると述べている。

この時になってメルケル首相はようやく女性であることを強調し始めた。たとえば、無邪気を装いつつ東ドイツの若い女性作家ヤナ・ヘンゼルと新聞上で対談し、「政治の中に身を置けば置くほど、私が女性であることがはっきりと問題になってきます」と話した。

アメリカ合衆国の大統領予備選挙において、ヒラリー・クリントンがライバルのバラク・オバマに劣勢だった時にメルケルは学んだのかもしれない。

「ヒラリー・クリントンは、伝統的な方法で選挙戦を行いました。あの時、彼女は女性であることをほとんど問題にしませんでした。それは今の時代に合ってないのです。しかしバラク・オバマは、黒人が政治の世界に入る新しい方法にチャレンジしました。そして自分の役割を変化させることに成功したのです」とヤナ・ヘンゼルはメルケル首相との対談で語った。

もうひとつの目新しさは、メルケルが旧東ドイツの人間としてのアイデンティティを常に明らかにし始めたことである。「私は東ドイツにいると思い、ウッカーマークの我が家にいると思うと、いつも元気がでてきます」とメルケルが雑誌『キケロ』に語ったのはほぼ同じ時期である。さらに「旧西ドイツの各州では、六〇年代や七〇年代からずっとそのままの市民公会堂や学校や役所の建物をよくみかけます。それに比べ旧東ドイツの各州では、多くは新しいのです」とメルケルは続けた。この言葉は、東ドイツに大きな騒ぎをもたらした。実際には、その言葉は、とりわけプライドの高い西ドイツの人々への侮辱だった。テンプリン（ブランデンブルク州）出身のメルケルという政治家は、そんな西ドイツの人々に気前よく改修工事の費用を援助しようとしたのである。

それから三年半経った頃、南ドイツ新聞が発行する雑誌が有名人にアンケートを実施した。「あなたが若い頃やってしまった『大失敗』は何でしょうか？」という質問にメルケルは答えている。「西側から送られたばかりの新品のトレーニングウェアを着て、ヤニでべたべたの古木のうろにもぐりこんでしまった」。

この言葉にアンゲラ・メルケルのすべてが表現されている。幼くかわいいアンゲラがどんなにドイツ人――とりわけ東ドイツの人々に愛されていることかということである。そして彼女の質素な子ども時代が政治家としてどんなに有利に働くか。それが、メルケル首相の持つ盤石の支持基盤といえるだろう。

二〇〇五年の総選挙まではその正反対だった。メルケルは女性問題には触れず、東ドイツの人々をすべて遠ざけていた。彼女は自分の周囲の西ドイツの男性に適応しようとしていたのである。その結果、選挙で獲得した女性票は、三年前のエドムント・シュトイバーより少なく、東ドイツの若い女性層の票は二〇％だった。メルケルの遠慮がちな様子は女性層を失望させ、代わりに男性票を得たわけでもなかった。

メルケルは、ヤミ献金事件の後に希望を託された形で党代表に選ばれた。しかし、旧東ドイツ出身でしかも内気な女性であるメルケルは、すぐに影響力の強い男性たちのもとに組み入れられた。メルケルは過渡期の党首とみなされていた。女性物理学者だったメルケルがまるで西側の保守的な法学者のようにふるまうほど、振り子の反動は強かった。予告されたＣＤＵの刷新も当面は強行されなかった。

かわりにかつての赤緑（ＳＰＤと緑の党の連立）政権との違いを明確にした。シュレーダーとは異なり、国防軍の国外派遣を望む身内の要求をすべて冷静にやりすごしたので、敵にいくらか貸しを作った（シュレーダーは一九九九年、セルヴィアとコソヴォの紛争で国防軍の派遣を決定した）。

ドイツ南部の保守派の砦から聞こえるメルケル批判の声はいっそう大きくなった。間髪をいれずビルト紙は、毒のある心配ぶりで女性問題を特集した。「男たちがアンゲラ・メルケルをダメにしたのか？」

頻繁に「カツラ」を変えるメルケル

オーストリアの民衆劇作家ヨハン・ネストロイの書いた『タリスマン』（護符）という喜劇がある。この話に登場するティトゥス・フォイアフークスは、髪の色が真っ赤という設定である。メルケルは、まるでこの赤毛の男になったかのようだった。

劇中のティトゥスは、ただ赤毛であるということのために周囲から差別されるので、黒髪のカツラをかぶることにする。ちょうどアンゲラ・メルケルが極端に保守派になったように。すると、それまで誰にも信用されなかったティトゥスは、突如として出世する。ところが今度は赤毛だったティトゥスを知る人が現れたり、自分でうっかり金髪のカツラをかぶったりして、カムフラージュは吹っ飛んでしまう。ティトゥスは、「私の希望と誇りは、保険もかけていないのに焼失してしまった」と我に返って言う。この喜劇がウィーンで上演された際、演出家のヘルマン・バールは「場面が進むたび、難関をきりぬけようとだんだん居心地の悪くなるキャラクター」と分析した。

メルケルは、ティトゥス・フォイアフークスのようにひんぱんにカツラを変えていた。党首のポストを得た時、アンゲラ・メルケル主役のストーリーはもう終わってほしいとＣＤＵの大多数は思った。しかしネストロイの喜劇のように、本当のカムフラージュはこの時に始まったのである。

「そうです、私は赤毛です」とティトゥスが叫ぶのは、自分を解放する行為である。告白ののちに「……そしてそれでいいのです」と続けてもいいだろう。二〇〇一年ベルリン市長選挙に臨んだクラウス・ヴォーヴェライトが「私はゲイです……そしてそれでいいのです」とカミングアウトして有名になったように。赤毛であることの告白は、真の幸福の始まりである。ティトゥスは、驚き顔の仲間たちに向かい、赤毛がどうして出世できるのかという疑問に答える。「いちばんの証拠は、今のこの現実だよ」。メルケルのCDUでの出世に関しても役立つ言葉である。「危機は山ほどあったがメルケルはメルケルのまま」だった。

CDU党首に選出されて半年後の二〇〇〇年秋、メルケルは、バイエルン州の姉妹政党CSUの重鎮らの前に、あの真っ赤な赤毛の告白者の勇気を持って歩み出た。ティトゥスを自由になるための告白へと押しやるのは、いちばん意地悪な迫害者なのである。

メルケルの前任者ゲルハルト・シュレーダーも党内のアウトサイダーで、委員会を横目に国民投票にかけ、天に向かい拳を振り上げた。それでもシュレーダーは、男性というあらかじめ定められた役割に従っていた。メルケルの場合は新しい問題がある。男社会の排気ガスやテストステロン（男性ホルモンの一種）の混じるもうもうたる空気の中で、自律的に女性らしくかつ首相でいられるものだろうか？　男の大好きなスポーツのサッカースタンドでどう振舞うだろうか？　政権のトップとして、いったい何を着用し、いかなる髪型にすればいいのか？　そういう疑問がおさまるにはまだまだ時間がかかる。

同性の仲間たちもメルケルの助けにならない。怒り狂って人格を傷つける最も激しい攻撃の一部は、女性によってなされた。メルケルを嫌う男性陣の直接的な競争相手のほうが、競争原理によるものなので、まだしも理解は可能である。

いずれにせよメルケルは過小評価されていた――女性でその上旧東ドイツ出身であればそれほど長続きはしないだろう、と。

メルケルの党内での立場が弱いうちは、そういった過剰なカムフラージュに勝る戦略はない。男性とは根本的に異なる女性としての役割を果たすべきだとメルケルは言う。旧東ドイツの高学歴女性にとっては、それでなくとも男らしさは異質だっただろうが。

二〇〇二年の初め、シュピーゲル誌の二人の男性記者が、メルケル本人にインタビューを行った。「メルケルさん、あなたは、指導的な地位にある女性の悲惨さを示す典型的な例だと女性運動家のアリス・シュヴァルツァーは言っています。女性であることを見せつけているにもかかわらず、女性としては中途半端ですし、男性的な資質を獲得しているにしても、男性としてはやはり中途半端ですから」。

インタビュアーの男二人を、すぐにドアから外に放り出すかわりに、かろうじてメルケルは「私はもっと楽観的に考えています」と返答した。それから西ドイツの一九七〇年代や八〇年代の女性運動について、尊敬の念を示す言葉を二、三述べて相対化した。「将来的には、トップの地位というものは、もはや男性対女性の競争によってではなく、利権の構造にかかわるものになるでしょう」。

メルケルのほうでは、アリス・シュヴァルツァーを将来的な自分の支持者と見込んでいたのだが、それはこの時点の記者たちにまだわからないことだった。

この時のインタビューでメルケルが予期したように、大政党における初めての女性党首に対し、「普通」にふるまう道はまだまだ遠かった。かつての西ドイツでは、左翼リベラルの雰囲気よりも、グローバルな先進国でありたい願望のほうがずっと強かった。だからドイツ人はヘルムート・コールがドイツを代表する政治家とは思いたくない。コールはドイツ人の思い描く自画像にふさわしくないのである。その決着は赤緑（ＳＰＤと緑の党の連立）政権が登場することによってやっと実現した。

歴史家ハインリヒ・アウグスト・ヴィンクラーは二〇〇〇年にあるテーゼを提唱した。彼によるとドイツは「西側世界への長い旅路」の途上であり、今やっと統一と自由に辿りついたところだという。時代の流れも政治的にも当時の事実に沿う見解だったろう。実際よりも近代的に振舞うように、時代の雰囲気にドイツは誘導されている。

ドイツ初の女性首相率いる内閣

政治のトップに女性が立つのは、今日に至っても、世界的にみて日常的な現象とはいえないだろう。だがドイツよりも早い時期に、インド、イスラエル、イギリス、ポルトガル、ノルウェー、そしてフランスで、女性首相が権力の座についた。もちろんカトリックの強いポーランドとイスラム教のパキスタンもそうである。だがドイツでは、西ヨーロッパ諸国の中でもっとも保守的なイタリアと同様に、首相は女性に最も遠い職業だった。

イタリアとドイツでは出生率が低いことも特徴である。正確にはわからないが、期待される母親像にも理由はあるかもしれない。親に対する要求が高すぎると、女性は（男性も）子育ての力が自分にはないと思ってしまう。心から敬愛される「慈母」か、あるいはその反対に「鬼母」の二者択一である。だがフランスでは事情は異なる。ずっと以前から中流の女性は働きに出ているので、育児を家庭ではなくプロフェッショナルに託しても悪い評判は立たず、明らかに出生率は高くなっている。他のヨーロッパ諸国では、ドイツ人の持つ女性イメージはいらだちを引き起こす。例えばスペイン首相サパテロが、閣僚の半数に女性を登用した時、ドイツの新聞は「サパテロのモデル・ガールズ」と報じたのでイベリア半島に憤慨の嵐を引き起こした。

高い役職を得た女性が、安全確実に地位を守るのはとりわけドイツでは困難である。それは党内のポストばかりではなく、政治家、ジャーナリスト、有権者など組織に関わる全員に当てはまる。興味深いことに、メルケル党首のリーダーシップは、「お母さん」風であるとCDUの男性党員は思った。軽んじているように思われるかもしれないが、結局は、自己を解放する予兆を感じているのかもしれない。メルケルが唯一の大人であり、思春期のような気取りもなく、自然で理性的に振舞う――このイメージは、やがて連立相手の党にも、さらにドイツの政界全体に、そしてとうとうヨーロッパ中に広まったのである。このような押しつけられたメルケル像を、彼女はよく知られた謙虚さゆえに、だんだん自画像にしてしまったのかもしれない。

二〇〇五年の秋にメルケルが官房に入った時、展望は一変した。選挙日まで野党を率いたメルケルが、今度は与党として男性的な安定性を証明しなければならなかった。保守的な人々から見ると、鈍重なコールよりもむしろ威勢のいいシュレーダーの方が押しの強い政権のトップのお手本にはふさわしかった。かつて敗北した首相候補エドムント・シュトイバーは、CDU党首メルケルと連立パートナーのギド・ヴェスターヴェレについて、この二人は「軽い水兵」だから、シュレーダー首相やフィッシャー副首相の足元にも及ばないと二〇〇四年にまだ言っていた。それはメルケルの改革路線やヴェスターヴェレの減税公約を批判したというよりも、女性とゲイへのあてつけだった。シュレーダーとフィッシャーも同様で、国会の論戦で疲労困憊したメルケルを前に、愉快でたまらないという様子をみせた。大衆にもこれは受けていた。二〇〇五年の選挙において、連立政党への負託に対する世論の急変は、キルヒホーフの敗北のためではなく、また福祉の冷え込みを恐れたからでもなく、最後の瞬間になって、女性がこの国を率いることが本当にできるのかと女性有権者のかなりの部分さえも疑ったからである。

女性の特典《ボーナス》は不要

メルケルが官房に入った後には、それは変化した。首相が男性か女性かに関係なく、権力のオーラはそれ自体に意味がある。もはやオーラを演出する必要はない。そのうえメルケルの場合には、かなりの抵抗があったにもかかわらず、まずまずの選挙結果を得られたし、就任直後の難しいヨーロッパ首脳会談を立派にやりとげ、おおかたが予想したよりずっと優秀な人間として国際舞台に登場したという事情が加わった。同時に、マッチョなシュレーダーは、あわてて選挙に打って出たために自分のSPDから権力を奪ってしまい、選挙日の夜には、「ベルリン・ラウンド（テレビの人気番組）」に男性ホルモンたっぷりに登場したので、もはや立派なお手本というわけではなかった。全く反対に、SPDの女性閣僚でさえも、その同じ日にメルケルが示した女性らしい政治スタイルの丁寧な調子に喜んでいた。

「メルケルさんはシュレーダー氏とは違う方法で内閣を導きました」とSPDの法務大臣ブリギッテ・ツィプリースは、官邸で開催された女性選挙権記念祝典の際に賞賛し、さらに「しかし、シュタインマイアー氏（SPDの政治家フランク＝ヴァルター・シュタインマイアー）は、ちょうどメルケルさんと同じように内閣を導いています。お二人はプラグマティストという意味で考え方が似ているからです」と用心深く続けた。

「考え方が似ているシュタインマイアー氏」は、二〇〇九年の選挙では、SPDに戦後最悪の結果をもたらした。そのためSPDは四年後、メルケルが模索中の政治スタイルとは全く異なる候補者を探した。SPDは、ペール・シュタインブリュックがふさわしいと考え、シュタインブリュックは、メルケル首相と共に、財務大臣として専門家らしく仕事をした。しかし挑戦者としては、ときおり時代遅れの男女平等論争に巻き込まれてしまった。二〇一二年大晦日にメルケルの「女性ボーナス」について嘆いてみせたが、実はすでにその六週間前、ターゲスツァイトゥング紙特別号において、テレビ司会者アン・ヴィルにインタビューされた際、同様の調子で語っていた。

「メルケル首相は、官邸初の女性トップだから優遇されるという特典《ボーナス》をもらっていると思う。女性の有権者に対しても同様だ」とシュタインブリュックは飾り気なく語った。二〇〇九年に、キールのCDU女性市長の対立候補として、自分のスポークスマンであるトルステン・アルビヒ（SPDの政治家）が立候補した時にも、シュタインブリュックは携帯電話のショートメッセージにこう書いた。「いいぞ、あの馬鹿女を追いだそう！」。

メルケルや他の女性に申し訳ないと思わないのかとインタビューされたシュタインブリュッ

クは、「なぜだ⁉」と答えただけだった。

シュタインブリュックの言った「女性ボーナス」という言葉は、ＳＰＤが、メルケルに女性ハンデを課そうと何度も試みたが失敗したという告白でもある。二〇〇九年の予備選挙に立候補したフランク＝ヴァルター・シュタインマイアーは、リュッセルスハイム（ヘッセン州）に赴き、シュレーダー式のやり方でオペルの自動車工場の労働者に連帯を呼びかけた。ドイツの政治では、ワイシャツを着て労働者の中に入り、物事に取り組む首相は、男らしさの極みである。それが男たちの夢である車に関わるとなればなおさらである。シュタインマイアーとＳＰＤ党員ばかりではなく、ＣＤＵの閣僚も含めたメルケルのライバルは、こういう舞台で演じるのである。

初の女性首相が官邸に入り、ドイツ近代化の遅れを挽回したと言えるなら、東ドイツの人間であるメルケルが、西ドイツの大多数の遅れた人々の中で、先駆者の役割を果たしたことになる。

「今年にも女性が政権のトップに就任しようとは誰が思ったでしょうか？　我々のほとんどにとって驚きでしたし、私にとってもそうです」と二〇〇五年一一月の就任演説で彼女は言った。

「それでも、このことは私の人生最大の驚きというわけではありません。私の人生最大の驚きとは、自由でした。いろいろ予想したことはありましたが、私が定年退職するまでに自由が得られるとは思っていなかったのです」。結論として彼女は続けた。「もしこれほどまでにうれしい驚きがあるとしたら、他の何もかもが実行可能なのです」。このなんでもできるという感覚は、彼女がかつての西ドイツから得たものだったのである。

開かれた世界に行く

二〇〇六年一〇月三日、メルケル首相は、就任以来初の「ドイツ統一の日」にキールで演説した。旧東ドイツ出身という自分の過去のことも強調された。東西ドイツ統一の激動のさなかの一九八九年の秋、当時勤務していた研究所の同僚ミヒャエル・シントヘルムにもらった一冊の本についてメルケルは語った。シントヘルムは、その本に献辞を書いていたという。「開かれた世界に行こう！」と。

「あの時の私のために言ってくれた最高に素敵な言葉でした」とメルケルは言った。物理学者だったメルケルが、ＤＡ（旧東ドイツの政党「民主主義の出発」）の報道官になり、それから最後の旧東ドイツ政権において副報道官を務め、とうとう東西ドイツ統一後初のヘルムート・コール内閣では閣僚になった。

メルケルは、「開かれた世界に行く」ことが「ドイツの大転換期に直面した、東と西の人々の生きる方法」だったと演説した。だが、西ドイツの多数の人たちは、かなり〝行き過ぎ〟たようだ。なかでも「ヴォッシス（Wossis・西ドイツ出身だが再統一後東ドイツに移住したドイツ人）」と呼ばれた人々は、感激のあまり、かつての我が家を再訪したが、昔と何も変わっていないのを見て驚いた。メルケルの友人であり、のちに国防大臣になったトーマス・デメジエールは、現在ドレスデンに住んでおり、大学教授、官僚、経営者を含むこの種の人々の中でも、初期のパイオニアである。彼らは旧西ドイツの各州で仕事に必要とされる資格を持っていないと非難されることもある。そう主張するのは、東でも西でも新しいものへの好奇心を欠く人たちだ。

「東西ドイツ再統一の後、東ドイツの人々は自分の国にいるというのにまるで移民のようだった」というジャーナリストのトラルフ・シュタウトの言葉には賛成も多い。二〇〇三年にシュタウトは「東ドイツの人間をアカデミックな移民文学によって読むことになるとは思いもよらなかった」と書いた。「移民文学の多くは、まるで東西ドイツの内的な精神状態について書かれているかのようだ」。移民文学に描かれるのは、移民の出身国と彼らの受け入れ国との対立である。受け入れ国は同化を要求し、移住者はできるだけ一体化しようとする――ところが、遅ればせながら古い故郷への憧れが甦り、それが東西ドイツの場合「オスタルギー（「東」へのノスタルジー）の波」だと東ドイツの人々は思った。

そうした移民たちの移動は、受け入れ国に痕跡をのこした。東ドイツの一七〇〇万人を統合したことによって、西ドイツもまた変化した。しかし、それは当初期待され恐れられていたのとは違った方向の変化だった。たとえば言語にもその種の変化がみられる。統一の当初、東ドイツ風の「事実とは」という言い回しは、西ドイツの人々には耳慣れないものだったが、ドイツ全土に広まってもう久しい。それからまた、「〜ということが評価される」のように、「評価する」という動詞の自動詞的用法は、遺憾ながらシュタージ〈旧東ドイツの秘密警察・諜報機関〉が使った表現である。こういった現象が身近に広がり、西ドイツでも昔のように若い人が挨拶の時に握手するようになった。やがて、地域が限定されていた「オスタルギー」は、ドイツ全体に押し寄せるレトロ・ウェーブに成長し、ヨーロッパ中で大ヒットした。

そういった流行には、かつての西側社会を神聖な世界だと思い、ひそかに憧れる気持ちも表われていた。レオニード・ブレジネフ〈ソビエト連邦第五代最高指導者〉とエーリヒ・ホーネッカー〈ドイツ民主共和国〈旧東ドイツ〉第三代国家評議会議長〉による「壁」と鉄条網があったからこそ、西側への憧れの思いが、荒々しいグローバリゼーションの嵐から守られ残っていた。

経済や文化にグローバリゼーションやスピードアップなど大変革が起き、昔ながらの安心感というものは、東側ではもちろん、少し遅れて西側でも根底から揺さぶられた。銀行破綻が連鎖するユーロ危機の中では、西側の経済システムもまた、まるで二〇年前の東側の計画経済のように、一撃で内部崩壊することもあり得る。東ドイツの政治家メルケルは、体制崩壊を自ら経験したために、起こり得ることを察知する感覚を研ぎ澄ました。そしてそれは西ドイツの政治家より有利な武装なのかもしれない。

二〇〇五年の秋、あの西ドイツの人物（ゲルハルト・シュレーダー）の威光が衰えた時、ＳＰＤ（ドイツ社会民主党）も、東ドイツの人間を党首にしようと考えた。メルケルの経歴と同様に、ブランデンブルク州出身で、大学で生物サイバネティクスを学んだマティアス・プラッツェックに、危機に陥った党を救う希望が託された。だが数カ月後にプラッツェックはＳＰＤ党首を辞任し、メルケルとの共通点はなくなった。メルケルとプラッツェックが自然科学の教育を受けたからといって、二人とも旧東ドイツ時代に国家イデオロギーの影響がなかったと過大評価してはならない。メルケルの政治スタイルは、物理学の「実験手順」のようだともっともらしく説明される。それは、今日に至ってもメルケルが、西ドイツの政治では当然のことを完全には内面化することなく、アウトサイダー的な中立の視点を持つからである。もしメルケルが他の政治家たちの行動に違和感を覚えないならば、彼女のためには危険だろう。

メルケルは、市民運動家ではなかったし、そう名乗ったこともない。他の多くの東ドイツの人々と同様、メルケルも旧東ドイツという国家の没落を冷静に見通していた。メルケルの個人的な観点から、旧東ドイツに不足していたのは何かを語る時、政治的同意の欠落は要点ではない。「旧東ドイツ国家では、自分の限界にチャレンジできなかった」と彼女は言った。社会主義体制が挫折したのは、「環境汚染や都市の衰退、国家債務の増大など、社会の物質的な側面を助長した」からだという。そういう欠点は、今日では「持続可能性」という上位概念で総括できよう。この認識にもかかわらず、ドイツの財政における債務は、メルケル就任前二〇〇四年には、GDPの六五％だったが、就任後に八〇％に増大した。

東西統合の中での政治術

ユーロ危機に対するメルケルの考え方は、東欧経済に関する見通しに関連がある。たとえばスロヴァキアのようなポスト社会主義国家の改革においては、比較的豊かなギリシャのような保証は困難だということを、メルケルは、西側の人間よりもずっとよく理解していた。そういった改革を進める国家に対しメルケルは好意的である。だがもしその国々が比較的豊かな国に何かを要求しても対応しない。そうするべきではないのである。二〇一二年夏に開催されたG20サミットで、メキシコ大統領フェリペ・カルデロンは、経済的に困窮した時には、街角で冊子を売ってでも生計を立てるものだと言った。そういう姿勢がメルケルの趣味に合うものである。

ＥＵにおける通貨同盟の経済的帰結は、東ドイツの人間になじみある一九九〇年七月一日のことを思い出させた。ギリシャからポルトガルに至るまで、国際競争能力が弱まり、同時に生活水準が上がり輸入が増加する。東ドイツのザクセン州やメクレンブルク州の人々は、西ドイツのシュヴァーベンやラインラントなど重工業地域による強力な経済援助にもかかわらず、そういった国々と同様のショックに耐えなければならなかった。そしていずれの場合も経済的な観点からの異議をはねつける政治的な動機があったと思われる。

旧東ドイツの主義主張から自分を守り抜いた経験ゆえに、はっきりした確信をメルケルが持っていたことが、大多数に感銘を与えたのだろう。メルケルが、資本主義と市場経済を高く評価することについて、ＣＤＵの政治家ハイナー・ガイスラーは、少なくともキャリアの初めの頃のメルケルは「典型的な旧東ドイツ風リベラル」主義だとコメントし、彼女の評判を落とそうとした。旧東ドイツ市民の全員ではないが、一部には、この種のリベラルが典型的にみられたのだ。今日に至るまで、西側よりも東側のほうがそれぞれの立ち位置の違いが非常に大きい。つまり、西ドイツの主流は、今でも戦後の西ドイツを模範とする国家という枠組みの中での市場経済に代わるものはないと考えているのに対し、東ドイツ側では、国家の統制を支持する人がいるかと思えば、市場の盲目的な信奉者がいる。現在の体制は、いろいろな危機を乗り越えたにもかかわらず依然として不合理であり、いつかは没落するかもしれないと思われているのだろう。

一九八九年から一九九〇年にかけての政治的転換期の直後には、東西のドイツの人々は、よりよくお互いを理解し合うために、当時の決まり文句でいうなら「それぞれの出自を語る」つもりだった。だがすぐにそれは間違いだとわかった。西ドイツの人は、出自を話す必要はなかった。というのも新しく同胞になった人々は、いずれにせよ自分の生活圏を信じていたからである。一方で東ドイツの人は、自分の不利にならないかぎり、旧東ドイツ時代と同様、「沈黙」という徳の価値を再び評価することになった。無名の旧東ドイツ市民からドイツの首相にまで駆け上がったアンゲラ・メルケルのような女性にも、それは当てはまる。かつて必修科目だったマルクス・レーニン主義に関するレポートや、旧東ドイツの学術団体における義務やその他の行動について、今のメルケルはもう語りたがらない。西側の支持者の好感度を下げるつもりはないのだ。

メルケルの夫は、そういう問題に対し、せいぜいアレクサンダー・フォン・フンボルト財団の機関紙のような、あまり人目につかない箇所で発言するだけである。東西ドイツ再統一一〇周年記念の時、その機関紙にメルケルの夫であるヨアヒム・ザウアーは、かつて科学アカデミーの党書記に指示され、SED（ドイツ社会主義統一党）党大会の壁新聞に寄稿した件について述べた。「私は、同志が聞きたいことを書かなければならず、二度と頼まれないよう『釘』も打たなければなりませんでした。今日、あの文章がシュピーゲル誌に発表されると考えてみて下さい。もしそうなったら『釘』も何のことか全くわからないまま、党に対する信仰告白と思われるでしょう」。

二〇一三年五月に、旧東ドイツ時代のＦＤＪ（自由ドイツ青年団。ＳＥＤ傘下の青年組織）で、メルケルが青年団書記だった件に火がついたことで、夫のヨアヒム・ザウアーの判断の正しさが確認されただろう。この時彼女は、二〇〇四年に得た教訓「自分の信じるところと日常が要求するものとの間で、西側の人間も毎日妥協しなければならない」をかみしめた。

首相になって以来、全く話題にならなかったが、その時になってようやくメルケルは旧東ドイツ時代について語った。その話は、西ドイツの人々には学ぶところのある興味深いものである。メルケルが南米のチリを訪問した時に気づいたのは、その驚くべき経済発展や、現職大統領の推進する自由経済政策ばかりではなかった。一九七〇年代のチリ大統領サルヴァドール・アジェンデは社会党の出身であり、旧東ドイツに支持されたことも思い出された。彼は、キューバのフィデル・カストロに続き、南北アメリカ大陸で二人目の国家元首として、旧東ドイツとの外交関係を結んだ。だがアジェンデ大統領は、親米派のアウグスト・ピノチェト将軍のクーデターによって政権を追われた。メルケルがちょうど一九歳の時、国民投票の後に退陣したピノチェト将軍は、亡命者としてライプツィヒ大学を訪れた。のちにメルケルがＣＤＵ党員になって驚いたことがあった。自分が所属する党において、党員の多くはアジェンデ大統領の政策に距離を取り、ピノチェト軍事政権の非道な行為をずっと弁護していたのである。

メルケルは、テレビカメラの回っている前では好まないものの、そういう問題についてきわめて適切に語る。首相に就任するよりかなり前に、メルケルの伝記を書いたエヴリン・ロールに言ったことがある。「そうです。沈黙することを学んだことは、旧東ドイツ時代の大きな利点でした。それは生き残るための戦略だったのです」。

そしてメルケルは「今もそうでしょうか」と続けて言い添えたのである。西側の政治体制を必ずしも礼賛しない。

とはいえメルケルの政治力は、常に沈黙という手段を選ぶわけではない。むしろ驚くほど恐れを知らない戦略的な打算によって自らを押し出したことも多い。次章のテーマ「戦争」ではその点が明確に示される。

第6章　メルケルは「二一世紀の戦争」にどう対応したか

イラク戦争への対応

アンゲラ・メルケルは、またも国際的な舞台の上で、新聞記事というメディアを用い、扇動の最終手段に出た。二〇〇三年二月二〇日、「CDU党首メルケル」と署名された記事が、アメリカ合衆国のワシントン・ポスト紙に掲載された。見出しは「シュレーダーが全てのドイツ人の意見ではない」――イラク戦争に関するメルケルの論説だった。

当時のドイツ首相ゲルハルト・シュレーダーは、にべもなくアメリカの軍事協力要請を拒否した。野党党首メルケルは、すでに前年の選挙戦以来、それを批判していた。おそらく彼女に確固たる自信はなかっただろうが、その新聞記事は最後のひと押しになった。メルケルは、自分のアメリカ訪問とマスコミを巧みに利用し、ドイツの政治を外国から批判しないという暗黙の掟を乗り越えたのだった。

二〇〇二年の選挙でシュレーダー首相（当時）が勝利した理由は、エルベ川やヴァイセリッツ川、ムルデ川の洪水の際の果敢な対応だけではなかった。シュレーダーが、イラクへの軍事介入に関し「我々ドイツ人には関係ない」と断言したのも大きな理由だったのだ。メルケルのアメリカ訪問をめぐる一連の行動は、選挙に負けても畏縮したわけではないと示していた。メルケルがアメリカを訪問する四週間前、シュレーダーはアメリカ大統領ジョージ・W・ブッシュにニーダーザクセン州のゴスラー（城塞で有名な古都）において、ドイツの最終的な態度を伝えた。シュレーダーは、地方議会選挙戦の幕開けにも「もうひとこと言おう。ドイツが戦争に賛成すると思わないでほしい」と語った。

二〇〇三年三月二〇日、アメリカ軍は、クウェート駐留基地からイラク国境に向けて進軍を開始した。もし、この時点でメルケルが首相であれば——あるいはエドムント・シュトイバー首相にメルケル党首だったなら——ドイツ連邦国防軍も参戦したのだろうか？　メルケルの発言から考えるかぎり、その可能性は高い。アメリカ軍が進軍する二日前、メルケルはＡＲＤ（ドイツ公共放送連盟）に語った。「もし我々がこの最後通牒を支持するなら、それから生じるあらゆる結果も含まれる」。すでに一二月には「イラクに対し、仮に国連による合法的な軍事行動が開始されるなら、ドイツは責任から逃れられない」と語っていた。

「もし」「仮に」――政治的な状況が変化した際に不利な発言を回避することを、メルケルはすでに心得ていた。メルケルの発言からは、ドイツがアメリカとともにイラクに進軍するとしか考えられず、非常に疑い深いCDU党員も含め、メルケルが別の見解を持っていると思う者はいなかった。

　だがメルケルはこの時、「イラク戦争は正しい。ドイツ連邦国防軍をバグダードに派遣するべきだ」と明言するのを避けた。もしドイツ参戦によってイラクの独裁者が譲歩し、アメリカが今回の戦争を免れるにしても、言い逃れは可能である。アメリカに対する政府の無愛想な応対が、赤緑（SPD＋緑の党）陣営にも不満を引き起こした時、メルケルの対応はいっそう容易になった。当時の副首相ヨシュカ・フィッシャーは、ドイツの特殊性に対する深い不信の念を外務省の経験で身につけていた。シュレーダー首相とは反対に、フィッシャーは、アデナウアーが築いた西側同盟国としてのドイツの地位は、ドイツの国家理性（国是）の確固たる構成要素だと思っていた。

　メルケルが最終的な結論を公に明言しなかったのは、政治的に賢明だった。それは、いっそう冒険的であり、政治的に高度なアクロバットだった。つまり、いつもためらってばかりだと非難されたメルケル党首は、極端に決断力のある女性になろうとしたのだ。といってもすでにその一部は達成されていた。アンゲラ・メルケルは、CDU名誉党首であるヘルムート・コールを王座から追い出し、地方の党会議で党内支持層を自分に吸収した。また、エドムント・シュトイバーとともに開催した、あの有名なヴォルフラーツハウゼン（バイエルン州）での朝食会は、二〇〇二年の首相候補戦に敗北したのを、メルケル自らの政治的な自由な意志による一幕だったと解釈を一変させた。

しかし重要な問題が二つ明らかになった。自らの政党を刷新する以外に、メルケルが政治的にどのような位置にいるのか、誰も知らなかった。そしてまだ政治的に重大な争いを戦ったことがなかった。俗に言うなら「肝っ玉」を見せたことがまだなかったのである。だがもちろんメルケルは、政治の世界で強面《こわもて》の印象を与えようとしていた。

だからこそメルケルは、他の誰よりも強靭な印象をアピールする方法を模索していたのだ。その時、戦争以上に適切なテーマがあるだろうか？　しかもそのリスクは、数多くの要因から最小限になっていた。メルケルの伝記によれば、自由に至上の価値を置く旧東ドイツ生まれの人間だからこそ、最右翼のブッシュとスクラムを組むこともあり得る。もし選挙戦において、こういう告白が不利益をもたらすとしても、被害を受けるのは彼女ではなく、シュトイバー候補の方である。そのうえメルケル自身が首相になる可能性も開かれる。同時にCDU党内のライバルも、アメリカとの伝統的な関係には逆らえない。

二〇〇五年の選挙前に出版されたインタビュー集（ジャーナリストのフーゴー・ミュラー＝フォッグが聞き手）には、CDU党首メルケルのそういう戦略的な打算がはっきり吐露されている。「九月一一日以降、しっかり強硬に対処できるのは男性だけと思われています」「それはどう考えても誤りです。女性は、少なくとも男性と同程度にタフで実行力があります。それはたとえばイラク関連の議論で明らかになりました」

しかし二〇〇五年のメルケル自身の選挙の際には、もはやそれほど激することはなかった。すでに確実視された首相ポストを得る選挙戦の最中では、あまりに親米的すぎる印象を与えるからである。反戦論のシュレーダーに挑戦し、おそらくすぐにも首相になるだろうメルケルが、この時ワシントンを訪問すれば歓迎されただろう。だがメルケルは、外交の専門家でCDU／CSU代理党首ヴォルフガング・ショイブレを派遣した。アメリカの首都で、あいまいな同盟国ドイツの首相候補の写真が広まっても、間近に迫る選挙の勝利を危険にさらすだけだった。そのうえメルケルは、他の分野で自分のタフネスを証明していた。二〇〇三年一二月のライプツィヒの党大会での改革プログラムや、ハイデルベルクの法学教授パウル・キルヒホーフを、税制の専門家としてメルケルの「影の内閣」に招聘したこと――当初は勇気ある決断として称賛された――などである。SPDの選挙パンフレットに「ドイツの兵士がメルケル首相とともにバグダードに立つ」と書かれたとはいえ、もはやイラク問題に関し、シュレーダーはメルケルに対抗しなかった。

いずれにせよ、二〇〇三年にはメルケルは首相ではなかった。そしてワシントンを訪問した時点では、来るべき開戦の日までにCDUが政権を握るおそれもなかった。メルケルは、大胆不敵に立ち位置を定め、野党ならではの自由を最大限に活用した。現実に政権のトップだったならば、メルケルがどのように振舞ったかは誰にもわからない。

メルケルがドイツの戦争反対論者に不満を持つ理由も充分あった。当時の議論の大部分は、中近東情勢を詳細に分析した上で行われたわけではなかった。論者の多くはせいぜい「アメリカ」と「原油」という二つの点を組み合わせ、論評しただけだった。そのうえ第三次世界大戦の開戦という黙示録のようなシナリオ——それはむしろドイツが破滅するかもしれないという幻想であり、アメリカの政策に対する正当な抗議の信用を失わせるものだったが——まで登場した。

シュレーダーが引き起こしたアメリカとの齟齬《そご》は、イラク戦争反対の声にもかかわらず、とうとう深刻な政治問題になった。

一九九五年、緑の党のヨシュカ・フィッシャーは、「ドイツは、安全保障の観点からだけではなく、『借り物の民主主義』という内政上の歴史的理由からも、アメリカとの緊密な関係を堅持しなければならない」と著書『ドイツ・リスク』に書いた。そこではビスマルク以来の問題であるドイツの中道の立場が分析されている。フィッシャーは、イラク戦争への抗議（「私は納得していない」）を、アメリカの国防長官に対してというより、むしろ、来たるミュンヘン安全保障会議に向けて、選挙演説で表明した。

この時フィッシャーは、かつての西ドイツの国家理性といえるものを明らかにしていた。それは、ドイツの進む道を特殊で孤立したものにしないというよりも、自らの民族に対する深い不信に基づいている。ドイツ人は、二回もの世界大戦の経験により、軍隊を派遣する先を独断で決定することはもはやありえない。この点で緑の党のフィッシャーは、CDUのヘルムート・コールとそれほど差はない。だがこれは、ドイツが絶対に派兵しないことを意味するわけではない。二〇〇一年九月一一日の、アメリカに対するテロ攻撃に際し、ゲルハルト・シュレーダーは、アメリカ大統領に打電した内容を、ドイツ連邦議会を前に発表した。「私は、アメリカとの無制限の連帯を――もう一度強調しますが、アメリカとドイツの無制限の連帯を保証します」。

それは大胆不敵な表明であり、長年政治を観察してきた者すら、思わず息をのむ瞬間だった。アメリカとの連帯を告げるシュレーダーの声明は、かつてヘルムート・シュミットがアメリカにNATOの軍備増強を認めさせたことや、CDU党首メルケルが、イラク戦争への派兵をほとんど無条件に承諾したのにそっくりだった。メルケルは、驚くほど大胆不敵に振舞うこともできるのだ――とりわけ戦争や原子力のようなドイツの重大問題に関しては。メルケルのためらいを、恐怖心によるものと誤解してはならない。何もしないことは、短期的な要求に応えるよりも、時には一層勇気が必要なのだ。

国連のリビア制裁決議に反対

シュレーダーがイラク派兵を拒否した八年後、メルケルは、全く違うやり方である決断を下した。その決断は、熟慮の結果か、つまるところ単なる偶然だったのか、今日でもわからない。二〇一一年三月一七日、そろそろ真夜中になろうとする時刻に、ニューヨークの会議場で開かれた国連安全保障理事会では重要な場面を迎えた。リビアに関する決議一九七三号の採決が行われたのである。決議文書は、リビア上空の飛行禁止区域を確保し、独裁者カダフィ大佐の激しい攻撃から一般市民を保護するための「必要な措置」を行う権限を、同盟国側に与えるものだった。賛成国は、アメリカ合衆国、イギリス、フランス、コロンビア、ナイジェリア、ガボン、南アフリカ、ボスニア、ポルトガル、レバノンである。

賛成国のリストより興味深いのは、その夜の採決を棄権し、軍事攻撃への賛同を拒否したのはいったいどの国かである。それは、ロシア、中国、インド、ブラジル――そしてドイツだった。八年前のアンゲラ・メルケルは、前任者のシュレーダーが、アメリカと共に戦わなかったのを批判した。今やメルケル自身が同盟国とは一線を画し、派兵を拒んでいる。シュレーダーは、当時フランス大統領ジャック・シラクと一致協力していたが、この時メルケルに味方する西側諸国はなかった。

何が起きたのだろうか？　ドイツ政府は、リビア情勢に不意を突かれたのだろうか？　イニシアティヴは、二年後のマリ介入と同様にフランスが握っていた。メルケルと外務大臣ギド・ヴェスターヴェレ——この時点ではまだＦＤＰ党首で、ローマ帝国末期のような党利党略から国際情勢を見ていた——は、目算がはずれた。今回は、バラク・オバマ大統領が、かつてのシラクの役割を引き受け、安全保障理事会でドイツを孤立させないだろうと想定していたのだ。ワシントンからその筋のシグナルもあった。アメリカは、イラク敗北後の戦争疲れで、リビアに強い関心はなさそうだった。国連投票の二日前、ドイツ国防大臣トーマス・デメジエールはワシントンで会談し、「オバマ政権はリビアの飛行禁止区域確保に賛成しない」と、使者をドイツに送って伝えた。それを信用したドイツ政府は、ドイツのマスコミの前で不参加を確言した。投票の直前になってドイツ政府は、アメリカの態度変更を知ったが、ドイツも同じく変更するには遅すぎた。こうした経緯で、そうでなくとも難しいオバマとメルケルの関係は、いっこうに改善されなかった。

それ以外のヒューマン・ファクターも影響した。ニューヨークの投票が行われたのは、木曜日である。その前週の金曜日、津波が福島の原子力発電所を襲い、黒黄（CDU・FDP連立）政権のエネルギー政策に、いわば炉心溶融を引き起こしたのだった。ブリュッセルのEU首脳部が、欧州金融安定基金の貸出額を二五〇〇億ユーロから四四〇〇億ユーロに引き上げることを決定したのは、原子力発電所事故の日だった。この決定は、ユーロ圏が「トランスファー・ユニオン」（財政移転同盟）になってしまう突破口だと反対派は論じた。

メルケルは、九月に予定された総選挙で、多数派を獲得できるのか危惧していた。この事態は、かつてゲルハルト・シュレーダーの信用問題になった赤緑政権末期を思い出させた。すべての流れは、翌々週の日曜日に行われるバーデン＝ヴュルテンベルク州の地方議会選挙に向かっていた。CDUは、一九五三年以来その州で保持してきた議席を失うのを恐れていた。さらに困難なことに、二〇〇八年秋のアメリカにおけるリーマン投資銀行の破綻以来、ドイツ政治の非常事態――経済危機に続き、選挙戦、連立政権内の紛糾、ギリシャの財政破綻、連邦大統領の辞任、さらには福島第一原子力発電所の事故まで起きたのだった。相対的には穏当といえる選挙戦も含め、こういったすべての事件は、ドイツの歴史上に似た事例を探し求め、関与した人々の神経をすり減らすものだった。

この時メルケルには、外務省内で信頼できる官僚を動かす権限がなかったのが仇になった。

ドイツの首相たちの国際政治に関する基本線は、当初自ら外務大臣を兼任しリードしたコンラート・アデナウアーだった。過去の政権でも、外交に関する担当大臣の影響力はすでに失われていた。ヨーロッパ政策の重要性が増大するに従い、通貨に関しては財務省、そして基本的に首相官房の管轄になった。全く経験のないＦＤＰ党首ギド・ヴェスターヴェレの外務大臣就任は、むしろ外交に対する無知に起因していた。ヴェスターヴェレは、現代の金融及び財政の専門家に助言を求めず、ハンス＝ディートリヒ・ゲンシャー（元ＦＤＰ党首で外務大臣を長く務めた）を自分のご先祖様と考え、そのアドバイスに従った。

二〇〇九年一〇月、黒黄（ＣＤＵ・ＦＤＰ）連立政権の際、両党による政策協定が成立し、外交初心者たちのあまりに向こう見ずな考えが明らかになった。前任者フィッシャーと異なりヴェスターヴェレは、権限を掌握する覚悟が足りなかった。緑の党出身のフィッシャーとは反対に、ＦＤＰは伝統的に受け継がれた権利を所有していると信じ、プログラムどおりの構想など必要ないと思ったのである。ヴェスターヴェレは、連立政権の政策協定の発表の際に「ドイツに配備されている核兵器は、全て撤去する予定だ」と言った。明らかにいらいらしたメルケル首相は、その発言を訂正した。「私にとって重要なのは『パートナーとの対話』です。我々は一方的な行動はしません」。

外務大臣ヴェスターヴェレは、その後数カ月で軍縮の課題を断念した。代わりにＦＤＰ党首として内政上のアジェンダに集中した。ヨーロッパ債務危機にもかかわらず、とりわけ減税に注力したのである。ヴェスターヴェレは、シュレーダー前政権が二〇〇五年に導入した「ハルツ第四法」に対し、カールスルーエ連邦憲法裁判所が違憲判決を下したため、自らの減税公約が危機に瀕していると考えた。二〇一〇年の年頭、ヴェスターヴェレは、ヴェルト紙で「（ハルツ第四法に定められた）月額失業給付金三五九ユーロ以上の者は、『気楽な福祉』を約束され『ローマ帝国末期のデカダンス』に招待されている」と小さく論評した。

二〇一一年五月、FDPが選挙に大敗した責任を取る形で、ヴェスターヴェレは党首を辞任せざるを得ず、外務大臣の職務だけに専念することになった。それでも彼の発言には相変わらず粗さが目立った。なかでも軍事介入に対するお決まりの拒否は、まるで世論調査の言いなりという印象を与えた。それもメルケル首相と一致していたのかもしれない。だがメルケルのほうでは、ヴェスターヴェレ外務大臣と意見が異なっても、選挙戦略上の理由で見逃していたとも考えられる。

それ以前に外務省が機能しないことがあっても、ヴェスターヴェレの前任者の時には、首相官房は、外務省の分析をあてにせず、専門の所轄官庁に権限を委ねた。国際的な舞台では、大臣は、たとえ内心では歯ぎしりしても共同で定めた路線を代表するものである。メルケル首相は、事案に対する共通の知的理解が不足しているヴェスターヴェレを、完全には信用できなかった。国連のリビアに関する決議の一週間後、ディルク・ニーベル経済協力大臣（FDP出身）が、ゲンシャーの遺産が、どのレベルでFDPの外交政策を動かしているか見せつけてしまった。女性ジャーナリストのマイブリット・イルナーとのトークショーで、「リビアの原油のために、リビアが盛んに爆撃されるのは驚きだ」と西側同盟国の動機を語ったのである。

当時の慌ただしさの中、とりわけ外務大臣に問題を抱えながらも、メルケル首相は、国連安全保障理事会のドイツの投票態度の決定に対し、自ら取り組んでいた。それはメルケルの打ち出した新政策の典型的な例だった。よく言われるように、メルケルの行動の仕方は、まるで次々に学んでいくシステムのようであり、間違いは必ず一回だけである。

それはそのとおりだが、その学習効果はしばしば劇的に注目を集める。二〇〇五年選挙におけるキルヒホーフ招聘の試みの失敗を受け、税制と税法に関する構造改革も徹底的に拒絶した。また福島の事故が起きたため、原子力発電所に関し、決定済みだった稼働期間延長を撤回したばかりか、赤緑連立の前政権よりドラスティックに稼働期間短縮計画を策定した。さらに、ほとんど幸運を頼りにイラク政策を切り抜けたのち、リビアに関する決議の際には極端な平和主義者に変身した。それは、かつてシュレーダーとフィッシャーが、コソボやアフガニスタンに介入し、まるで戦争仕掛け人のように危険だったことに対抗したのである。

シュレーダーは、西側諸国との同盟関係を半分解消しつつもフランスとの協調関係は、なおも維持した。代わってメルケルは、自ら外交の舵を握って完全に独立した。ドイツがユーロ危機を通じ、ヨーロッパの指導的な大国という役割を担うに至ったのも同時期である。このような発展の両方が混じり合い、ドイツ人の自己意識に、自主独立国ドイツという新しい統一的な印象が生まれた。その両方の流れにおいて、メルケルは、ユーロに関しリビア決議の時と同様、当初は全く何もしなかった。しかし、ここで責任を逃れようとしたことが、まさに権力の誇示だと解釈されてしまった。それはヨーロッパの指導的な大国という新しい勢力として、ドイツが支払わなければならない対価なのである。ジャーナリストのトーマス・E・シュミットが言ったように、ユーロ危機に関し、諸外国は「ドイツ人の無為を、権力を強化するナショナリズムと受け止めた」のである。

それから三カ月も経たないうちに、メルケル首相は、ワシントンで大統領自由勲章を授与され、メルケルのためにアメリカ合衆国が主催する祝宴が開かれた。この時アメリカ大統領は、リビアをめぐる騒動を忘れていたのだろうか？　おそらくそうではない。「我々は、北アフリカにおける自由への出発を支援します」とメルケルは開会挨拶でさりげなく言った。しかし、この訪問がメルケル周辺に偉大なる和解のジェスチャーとして解釈されようとも、アメリカではそこまで認識されていなかった。フランクフルター・アルゲマイネ紙の報道によれば、一年に一二個も授与されるこの勲章は、なかでもアイルランド、ベルギー、リベリア共和国のような立派な国々の首相に対し贈呈されるそうである。メルケルのオバマに対する態度は、二〇一三年六月のドイツ訪問にもかかわらず、前任者ジョージ・W・ブッシュのように、親密ではなかった。

とりわけメルケル首相は、注目すべき国内の支持率の高さがあるので、いつの時代もドイツではそれほど人気のないアメリカ大統領にまぶしく思われ、ドイツでのアンケートによれば二〇一二年一一月の再選に九〇％以上賛成のオバマ大統領に、いくらか引け目を感じさせた。二〇〇八年、初の大統領選挙キャンペーンで、民主党のオバマ候補が、ブランデンブルク門の前で演説を行うのをメルケルは許可しなかった。オバマの持つ大仰で情熱的な政治スタイルは、政治に対するメルケルの理解とは全く相いれなかった。

アメリカ人のオバマ大統領のやりかたは、メルケルの形式ばらないプラグマティズムのまさに正反対だったので、親愛の情は特に大きくはならなかった。メルケル首相は、オバマを念頭に置きながら「おそらく合衆国のシステムでは、パーソナリティの強調がふさわしい」と、当時会派のトップだったノルベルト・レットゲンについて語った。「彼は、政治の可能性を信じる雰囲気を生み出しました。それは税制の理念や健康保険改革の構想よりも価値あることです」。

そういった言葉の思い出はあったとはいえ三年半後、ノルトライン＝ヴェストファーレン州の選挙戦でレットゲンの熱情が受け入れられなかった時、メルケル首相のレットゲン解任の意に志が和らぐことはなかった。しかしメルケルは、二〇一二年末、オバマが再選されるとそれに学んだ――情熱的なヴィジョンを持ち、未来を確信するからといって必ずしも政治生命は終わらない。またヘルムート・シュミットが言ったように、医者に行かなければならないわけでもない、と。

だが、こうした米独関係の冷え込みを、当事者の性格から判断するのは早計にすぎる。冷戦の終了後二〇年が経過し、かつての同盟国の古めかしい論理も終わったのである。それを経験したのは、よりにもよって旧東ドイツ市民に生まれ、西側世界の代理保護国に希望をつないだ女性であるメルケルだった。二〇〇九年一二月、コペンハーゲン・サミットの地球温暖化対策に関し、オバマ大統領は、とりわけ熱心なメルケル首相の要求をはねつけた。ヨーロッパ債務危機におけるメルケルの緊縮財政政策に、誰よりも大声で文句を言ったのはアメリカ人たちだった――いつもアメリカは、次々に新しい債務を抱え、財政問題と戦っているのだ。

しかし、アメリカ合衆国、とりわけ一期目のオバマ政権は、従来とは異なる新しい国々に目を向けた。太平洋における中国との連帯、それから、経済的理由でこれまでになくアメリカに依存するイスラム世界に注目した。二〇〇九年六月、オバマは最も重要な外遊を行い、その際には先にエジプトの首都カイロでムスリムに演説し、続いてドイツのテューリンゲン州ブーヘンヴァルト強制収容所跡地を訪れた。カイロからヴァイマール（テューリンゲン州）に向かう途上、オバマ一行が一晩滞在したドレスデンに、メルケルはわざわざ赴き、ドイツ訪問日程になんとか同行したのである。

オバマが再選を果たして以来、その緊張関係は若干和らいだ。オバマ大統領は、気候政策について再度発言し、メルケル首相は、アメリカ式の経済危機克服に向け、欧州中央銀行にゴーサインを出した。そして経済的苦境の中で再びヨーロッパとアメリカは、いっそう協力し合った。だがアメリカは、あるポイントでは新しい路線を固持した。つまりアフガニスタンやイラクで冒険したアメリカは、世界規模での軍事力展開は、現状でもう充分だと判断したのである。もしリビアやマリといった欧州の玄関口で緊急事態があるなら、ヨーロッパの人間が自ら行動してもらいたい、とアメリカは考えた。

二〇一三年初頭、アフリカのマリ共和国における軍事介入の際、メルケルには状況は比較的悪くなかった。メルケルが決断すべき事項はなかったからである。マリ共和国の暫定政権は、イスラム主義者の蜂起に抵抗するため、直接、旧宗主国フランスに救援を要請した。前年の一二月にアフリカの平和部隊を許可した国連安全保障理事会は、フランスの措置を民意に沿うものと追認した。ドイツ政府は、二〇一二年末には順番どおりに理事会から除外されていたので、リビアに関する失敗の後も常任理事国ポストを得るため努力していたとはいえ、実際には好都合だった。

したがってメルケルは、当初、冷静に事態を観察できたのである。フランス軍は事前に告知したうえでミラージュ及びラファール戦闘機によりイスラム過激派の拠点を空爆し、ついに地上部隊と特殊部隊が北部地域に進出した。何百人もの人々が死亡し、フランス側の情報によれば、死んだのはイスラム過激派だけではなかった。これはかなり乱暴な進撃だとドイツには思われた。そうでなくともドイツ連邦国防軍は何も行動できなかっただろう。その地域の実情をほとんど把握しておらず、そのための装備もなかったからである。

メルケルは、アフリカ人自身がもっと強力に行動すべきだと考えていた。結局のところアフリカ諸国の上層部は、欧州の銀行口座に多額の資金を蓄えている。だが、アフリカの平和部隊が二〇一二年一二月に出撃するまでには、なお数カ月も要した。メルケル首相が愕然としたのは、アフリカ人兵士には靴もないのが珍しくなく、数千の軍靴を配給するための工場生産に、いかに長時間かかるかということである。さらに現地の軍隊には「移動式の寝床」——メルケル自身のかわいい言い方だった——もないのだという。

ヨーロッパ人はヨーロッパ内でのみ行動するほうが良いというのは、ドイツの首相には快適な論理である。ボスニアやコソボへの軍事介入は正しいが、他はすべて正しくないのだ。スペインからカタロニアが強引に分離したり、ギリシャに流血の市民戦争が勃発しないかぎり、メルケルは、平和を愛するドイツ人に軍事的出撃を要求しなくともよい。そのかわり、サウジアラビアに装甲車「ボクサー」を、あるいはインドネシアに戦車「レオパルト」など世界中に武器を供給する。その国々の政権に問題はないという前提があれば、その国自身によって解決できる。

いったいなんのためにメルケルは兵役義務を撤廃したのかも問われる。連邦国防軍をいつでも外国に派遣できる軍隊にしないためだろうか？　それとも、軍や介護（兵役の代替になる奉仕義務）に赴かなくともよい若者の票を確保するためだろうか？　よりにもよって保守派の若手スターであるグッテンベルクが、首相官房の夜中の会議で、まるで奇襲のような改革を決定するのだから、白色革命者（保守派による革命を指す）メルケルも弁明する必要はない。それこそメルケルに好都合である。

対ロシア外交

メルケルは、就任当初の怖いもの知らずのうちに、まずは東方の大国に遭遇した――ロシアである。この時メルケルは、明らかに路線を変更した。前任者であるゲルハルト・シュレーダーは、ロシアの大統領ウラジーミル・プーチンと今日に至るまで友好関係を保ち、インタビューでは、プーチンはロシア発の民主主義を望んでいると言った。メルケルは、二〇〇六年一月のモスクワ訪問で彼に会った。プーチンは自分のやり方で返礼した。犬が恐いドイツ首相に、ぬいぐるみの犬をプレゼントしたのである。さらにソチで会談した際には、飼い犬のラブラドールを引き綱から放した。

メルケルも、中国の指導部に対し同様に振舞った。二〇〇七年九月、メルケルは、ヘッセン州首相ローランド・コッホ（当時）とともにダライ・ラマ――中国に占領されたチベットからの亡命者で、ドイツのマスコミの寵児――を接見した。八カ月後、チベットの宗教的指導者は、ドイツの首都を訪問した。今回は、経済協力大臣ハイデマリー・ヴィッツォレック＝ツォイルが接遇した。SPDの外務大臣であり副首相であるフランク＝ヴァルター・シュタインマイアーはその件に関知しなかった。それは、連立政権における外交上の矛盾が明らかになった瞬間だった。党内の左翼に位置するヴィッツォレック＝ツォイルとは異なり、SPDの現実主義の政治家は、この方面でメルケルが前進するのを喜ばなかった。前首相のシュレーダーも、当時の官房長官だったシュタインマイアーも、メルケルの行動はドイツの利益にならず、結局は人権の役にも立たないと非難した。「ドイツの大衆受けを意図した活動は控えるべきだ」とシュレーダーは言った。「このような儀式は、良い政治の基礎にならない」。

シュレーダーがドイツ・ロシア間の天然ガスパイプライン運営会社取締役に就任した件は、様々に批判された。その批判の中でも忘れてはならないのは、ロシアとの良き隣人関係という配慮の背後に、古いドイツのとりわけ社会民主主義に根差した確信が隠されていたことである。

地政学的な理由でドイツが東方の大国ロシアを優遇するのは、外交上の処世訓であるが、国民のほうでは、今も大国ロシアにいくらか恐怖を感じる。東西ドイツの統一首相ヘルムート・コールの時代以降は、無事に統一できたことに対する感謝の念も加わった。コールにはよくわかっていたのだ――ソビエトとその後継国が、ドイツ再統一に賛成した結果、中欧からロシア軍が撤退し、西側の軍事同盟は東方へと拡大されると推測され、そして将来的にはアメリカのミサイル防衛の傘も加わるだろう、と。

二〇〇七年二月、ミュンヘン安全保障会議の際、プーチンは言論によって反撃した。それはとりわけアメリカに向けたものだったが、同時に、自国の望みを達成する援助者にドイツのメルケル首相を想定していた。「モノポールの世界――つまりそれは唯一の権力の中心であり、決定の一極化である。こんなモデルは、世界に受け入れられない」と、プーチンは激して言った。「破壊的であり、最終的に覇権そのものである」。

翌朝、ヴァイマールにシンポジウムのため滞在していたエゴン・バール（SPDの政治家。元経済協力大臣）は、このニュースを聞き、ホテルで飛びあがって喜んだ――とうとうロシアは、もはやアメリカの要求になんでも屈するわけではない。エゴン・バールは、かつての西ドイツの中心的な政策だった東方外交の立役者で、SPD内では依然として外交問題の専門家だった。バールの打ち出した「接近による改革」という原理は、SPDでは今も政策理念の根本である。

二〇〇八年八月、南オセチア共和国とアブハジアの分離独立をめぐって、ロシアと西側志向のグルジアとの間に軍事的衝突が起きた際、こうした事態が改めて展開された。モスクワの指導部は、現地住民をグルジアの攻撃から守れと要求した。モスクワは、人道的介入という名目を用いたが、それはたった九年前のコソボに対する西側諸国の介入の際、モスクワが拒否したものだった。

メルケルは、ドミトリー・メドヴェジェフとの会談のためにソチに赴いた。当時は、プーチン派のメドヴェジェフが大統領府を引き継いでいた。黒海沿岸の保養地ソチでは、夏らしい天気にもかかわらず、雰囲気はことのほか冷ややかだった。二日後、メルケル首相は、グルジア大統領ミハイル・サーカシュヴィリに会うため、グルジアの首都トビリシに移動した。サーカシュヴィリは、軽はずみな軍事的挑発のため国内でも批判されていたが、メルケルは明らかに彼に同情していた。メルケルは「もし望むならグルジアはＮＡＴＯの一員です」と言った。数カ月前、ドイツがリードしたブカレストのＮＡＴＯ首脳会合では、ＮＡＴＯ加盟に向けた「メンバーシップ行動計画」（ＭＡＰ。実質的加盟準備に入る）へのグルジア参加は、その時点では見送られていた。

古い西ドイツ（ボン共和国）における緊張緩和政策では、ロシアとＮＡＴＯという両者の登場は、寒気をもよおすものだった。コールの外交政策のアドバイザーを長く務めたホルスト・テルチクは、ターゲスツァイトゥング紙（左派系の日刊紙）上で、ロシアに対するより一層の譲歩をメルケルに要求した。バールと同様テルチクも、ミュンヘン安全保障会議でのプーチンの発言に応えるべきだと論じたのである。ロシアに必要なのは、さらに発展するための「援助と支援」であり、メルケルの行う「公的な警告」は不要という見解だった。

こうした状況は、西ヨーロッパで最大の国ドイツが、二〇〇五年以来、東側で社会主義的な教育を受けた首相を持ったことに関係がある。シュレーダーとシュタインマイアーは、東欧及び中欧の利害関係を無視し、ロシア政策に関してのみ常に気前が良かった。バルト海を通じドイツ・ロシア間を結ぶパイプライン敷設計画に対し、ポーランドが抗議したことにもシュレーダー首相はほとんど関心を持たなかった。ウクライナにおけるオレンジ革命──二〇〇四年にポーランドの政治家によって支援された──も、シュレーダーには、ロシアとの関係を損ねる潜在的な要因に思われた。ベルリナー・ツァイトゥング紙は彼を「プーチン式」と論評した。東欧及び中欧の利害関係は、ほとんど考慮されなかったのである。

こうした状況は、メルケルによって大きく変化した。二〇〇五年、ＥＵ憲法条約が否決されてしまった後も、メルケルは、リスボン条約（ＥＵの基本条約を修正する条約）を、たとえば当時ポーランドで政権を握っていたカチンスキ兄弟（兄ヤロスワフ・カチンスキは首相、弟レフ・カチンスキは大統領）の同意を得るなど、粘り強い努力により成功に導いた。スロバキアが、相対的に豊かな国であるギリシャを救済するに当たり、国民の合意が得られず苦労した時も、メルケルはひそかに理解を示した。国際的な首脳会合の場でも、メルケルは、小国の首相と少なくとも二、三分は話した。かつての占領国ロシアに対する距離感を共有しているというだけでなく、西側資本主義社会の金持ちで臆病なヨーロッパ人たちを、むしろ不思議がる気持ちにおいて、彼らは通じるところがあった。

メルケルは、シュレーダーの対ロシア政策を引き継がず、それにより逆説的な方法でシュレーダーの首相就任の芽をつんだ。東西ドイツ再統一後のヘルムート・コールは、旧西ドイツの外交関係にできるかぎり変化がないよう全力を尽くした。コールは、ロシアとの特別な関係と同様、大西洋の向こう岸のアメリカ大陸諸国との緊密な関係に忠実だった。コールは、ドイツ連邦国防軍の軍事的展開を望まず、ヨーロッパ統合はドイツの国家理性の一部とみなしていた。シュレーダーは、その方向性から離反した。つまりシュレーダーは、ドイツ人であることよりも、ドイツの権益のほうを、首相として代弁していたのだ。就任当初のシュレーダーの見解は、EUに批判的だった。国際的な舞台における戦略的に重要なポイントであったイラク戦争において、シュレーダーはアメリカに異議を唱えた。当時、アンゲラ・メルケルはシュレーダーを論難したが、今では同意見になっている。メルケルは、内政と同様、外交においても、盟友関係や永続する固定した関係ではなく、ただ利害や権力関係、期限付きの連合といったものに精通している——だが、イスラエルに関しては、ひょっとしたら話は別かもしれないが、それは次章に譲ろう。

第7章 ドイツの「国家理性」は今も「ナチス否定」

ドイツの歴史的な罪

一九四五年以降の戦後ドイツにおいて政治とは、ある意味で歴史政治である。メルケル首相が経済危機に真剣に取り組む時、この国の人々は、一九二九年の世界恐慌に続く一九三三年一月、アドルフ・ヒトラーが首相になった民主主義の挫折を思い出す。インフレという無害な言葉もすぐに「ハイパー」と結びつき、ワイマール共和国の記憶をむしかえすものになる。だからEUのトップが、緊縮財政を経済危機諸国のために実施するならば、メルケル首相はヒトラーの再来と揶揄《やゆ》される。

ドイツのどの首相も、こういった歴史政治に関係がある。すでに一九五二年にはコンラート・アデナウアーがイスラエルと「賠償」問題についての協定を取り決めた。しかし同時期に彼はナチスの犯罪者の非ナチ化を終了させ、公職追放された者を復帰させた。アデナウアーの慎重な政策は、支持者が多かったこともあり、若い西ドイツにおける民主主義社会に受け入れられた。だが今日的な観点からは問題もあった。また「賠償」という観念は、歴史的な罪を財政的な償いによって消去したともいえる。とりわけイスラエル国家にドイツを復権させる役割を期待するという考えは、今日では奇異に感じられる。

ドイツの中では、ドイツ人は歴史の犠牲者であると考えられていた。ドイツ人の家庭で話題になるのは、戦争中の逃亡と追い立て、戦没者や空襲の被災者、戦後の耐乏生活についてであり、戦争犯罪やホロコーストではなかった。一九六〇年代のアウシュヴィッツ裁判（ドイツ人自身が収容所幹部を裁いた裁判）以来、ようやくナチスの過去が世間一般に広まった。

一九七九年に放映されたテレビ番組シリーズ「ホロコースト」により、ヨーロッパにおけるユダヤ人殺害は、ドイツ人の歴史意識の中心になった。ドイツの西でも東でも、歴史への関心が新たに目覚め、フランクフルトの中心街レーマーベルクやドレスデンのゼンパー・オーパー（オペラ座）などの再建計画が議論された。ドイツ人の歴史への関心は、当初危ぶまれたようにナチ犯罪を相対化する方向には進まなかった。全く反対に、ドイツ人自身によって歴史の陰の側面に対する集中的な取り組みが始まったのである。

歴代のドイツ首相の中で、ヴィリー・ブラント（在任期間一九六九〜一九七四年）は、ワルシャワのゲットー蜂起（一九四三年のユダヤ人による武装蜂起）の犠牲者を悼む記念碑の前にひざまずいたことにより、歴史政治における規範を定めた。

一九八二年のヘルムート・コールの就任は、それが後退する結果になった。一九八五年五月五日、米独両軍の戦死者が眠るビットブルク墓地で、強い反対を押し切ったコールは、アメリカ大統領ロナルド・レーガンと共に、米独和解の儀式を演出した。そこにはナチスの武装親衛隊員も葬られていた。マスコミは大いに不信感を持ち、コールが企画したベルリンにおけるドイツ歴史博物館プロジェクトに注目した。

それからまたコールは、ソビエト連邦共産党書記長ミハイル・ゴルバチョフのPR術を——後になってゴルバチョフの真摯な変革の意志を認めたとはいえ——ナチの宣伝大臣ヨーゼフ・ゲッベルスの能力に匹敵すると一九八六年に発言した。さらに、ベルリンのノイエ・ヴァッヘ（戦没者追悼施設）に、ケーテ・コルヴィッツ（一八六七〜一九四五年。ドイツの版画家・彫刻家）の作品「死んだ息子の母」を拡大した複製を掲げるとコールは独断で決め、美的にも歴史政治の観点にも欠けていたと非難された。それは「戦争と暴力支配の犠牲者」の記憶を、キリスト教の象徴に結びつけた作品だったからである。

コール首相がビットブルクを訪れた三日後の五月八日、コールとは対照的な連邦大統領リヒャルト・フォン・ヴァイツゼッカーは、戦争が終結した四〇年前のその日を記念する演説で、戦争の終わりを「解放の日」として正当に評価した。当時のアンゲラ・メルケルは、ベルリンのアードラスホーフの物理化学中央研究所で、その「偉大な演説」について、そしてまたドイツの歴史的な罪について、長時間語ったと同僚のシントヘルムは伝えている。メルケルは、かつての西ドイツにおける歴史政治論争について、昔からよく知っていたのである。

東西ドイツ再統一とベルリンへの政治機能の移転が決定された後、西ドイツの人々の多くは、自分の国が批判的な歴史観点を失い、反省を忘れた愛国的な熱狂に陥るのではないかと危惧した。ちょうどその頃ポグロム（異民族迫害）を思わせる暴動が、リヒテンハーゲンやホイエルスヴェルダの移民街で連続的に発生し、さらにメルンやゾーリンゲンのトルコ系移民の家屋への放火事件も起きたために、その危惧は現実のものになったように思われた。

〈訳者注：東西ドイツ再統一後の九〇年代初頭に起きたネオナチ関連の主な事件を挙げる。ホイエルスヴェルダの暴動（一九九一年九月）、リヒテンハーゲンの暴動（一九九二年八月）、メルン放火事件（一九九二年一一月）、ゾーリンゲン放火事件（一九九三年五月）〉

政治家の思慮の浅い発言がさらに追い打ちをかけた。コール首相が一九九三年に指名したザクセン州出身の法務大臣シュテッフェン・ハイトマンは、ナチの過去に関する議論は、ドイツではタブー視されていると嘆いた。

政府や議会が、小さなボンの町から長い伝統と経済力を持つベルリンに移転したことは、歴史の忘却にはつながらなかった。実際にはその正反対だったのである。政権が一九九八年には赤緑連立に交代したことにより歴史政治論争が高まり、ベルリンの中心部に「ヨーロッパ・ユダヤ人犠牲者追悼碑」を建立し、ナチ時代の強制労働者に対し補償を行う決議につながった。

シュレーダー首相とフィッシャー外相による政権は、一方では国際世界を舞台に新しいドイツに自信を持ち、他方ではドイツの過去を告知するのを矛盾とは考えなかった。彼らの見解では、一方は他方なしには考えられなかった。それゆえ首都ベルリンは、ヨーロッパの社交の中心ではなく、ユダヤ系社会の中心として再び発展したのだった。

二〇〇三年一〇月三日、「ドイツ統一の日」、「新しい歴史文化は、ここヘッセン州のノイホーフにまだ到来していない」とCDU議員マルティン・ホーマンは、演説をした。「新しい歴史においては犠牲者や被害者とみなされたユダヤ民族にも、暗い側面があるのだろうか?」と彼は問題提起した。アメリカ大統領ウッドロー・ウィルソンによれば、ロシア革命は「ユダヤ人が主導した」ということだ。――「だからユダヤ人を『加害者の民族』ということもできるかもしれない」とマルティン・ホーマンは言った。

この発言にマスコミが気付くまでにいくらか時間がかかった。一〇月三〇日、ARD(ドイツ公共放送）が報じ、フライブルクの歴史家ウルリヒ・ヘルベルトは「ユダヤとボリシェビキを同一視するこの種のばかげた発言は、ナチ時代の反ユダヤ主義思想の所産である」と解説した。

当初、ホーマン議員の所属会派の長は、この発言の意味を過小評価していた。一一月三日、週明けの月曜日にアンゲラ・メルケルがホーマン議員を叱責し、それでこの事件の処理は終わったはずだった。ところがドイツ連邦国防軍司令官ラインハルト・ギュンツェルが、ホーマンの演説に対する感謝の思いを手紙で伝え、それが人々の知るところになった。ＳＰＤの国防大臣ペーター・シュトルックは即座に反応し、司令官を解任したうえで、メルケルにホーマンを除名するよう要求した。さらにシュレーダー首相も「危険な発言」と述べ、イスラエル大使は「典型的な反ユダヤ主義」と論じた。報道以来、約二週間が経過した一一月一〇日、ＣＤＵ党首メルケルは、ホーマンを党及び議員団から放逐することを発表した。

メルケルの決断は遅すぎたのか？　それとも反対に、この件が片付いたと思うのが早すぎたのか？　彼女はその発言の衝撃性の評価を誤ったのか？　それともＣＤＵ党内の右翼・保守勢力の恐さをまだよく知らなかったのだろうか？　メルケル党首は、自分のキャリアにおいて微妙な段階に位置し、党内では、メルケルの社会政治的路線が議論の対象になっていた。数週間のうちにライプツィヒ党大会が迫り、急進的な改革者であるメルケルが、党大会で勝利できるかどうかは定かではなかった。

メルケル党首がホーマン事件をむりやり終結させたため、大衆の憤激が何週間もマスコミを支配した。しかしもしメルケルが早い時期に決断したら、やむを得ない理由もなく党員を放逐する党首ということになっただろう。それともこの事件は結局のところ、ドイツ出版界の重鎮フリーデ・シュプリンガーが介入し、多くの人が考えたように、メルケルがドイツ政治で最高の権力を手にする（その二年後に議会の首相選でCとDとUの形をしたビスケットをかじるに至る）広範囲な高評価につながったのだろうか？ メルケルの夫は、「ユダヤ人とドイツ人との和解」が座右の銘であり、それをメルケルも堅持したのである。

ミスをするのはいつも一度だけのメルケルは、いずれにせよこの事件に学んだ。バーデン＝ヴュルテンベルクの州首相ギュンター・エッティンガーが、自分の前任者であり、かつてはナチ海兵隊砲手だったハンス・フィルビンガーの追悼演説を、二〇〇七年、フライブルクで行い、「（フィルビンガーの）ナチ政権への関与は事実無根」と言った時、メルケルは、一日中電話に張り付き、発言の撤回を要求した。

二〇〇九年頃、ローマ教皇ベネディクト一六世が、司教数名の破門を解除した時、その中には「ホロコーストはなかった（存在は認めるにしても規模が軽少だった）」と考える立場の司教が含まれていた。ドイツではむろんホロコースト否定は犯罪である。メルケルは、ドイツ人であるベネディクト一六世を、メルケル党首の監督下にあるCDU党員であるかのように厳しく叱りつけた。二〇〇八年にはイスラエル議会において、同国の安全保障はドイツの国家理性であると声明し、具体的にイランの核開発問題に関し「観察期間中の戦後のドイツは空疎な言葉を弄してはならない」と付言した。

エッティンガーのケースでは、メルケルの本能が役立った。エッティンガーは、二〇〇七年四月一一日、復活祭の明けた水曜日に「ハンス・フィルビンガーは、国家社会主義者ではなかった。それどころか彼はナチ政権に敵対した」と言った。「ハンス・フィルビンガーの下した命令で人が死んだことはない」――この発言は歴史的なエビデンスに矛盾している。戦後に州首相まで上り詰めたフィルビンガーは、一九三五年、ヒトラー政権の敵を「民族全体にとって有害」と非難し、終戦直前の若い脱走兵に対する死刑執行に関わった。

翌日の木曜日にメルケル首相は「ハンス・フィルビンガー元州首相の功績に敬意を表する一方で、ナチ時代の関連においては、批判的な問題にも言及するのが望ましかった」と州首相に伝えた。メルケルが言うには「特に犠牲者の感情を考慮した上での分別」を要求した。同時に、マスコミに何も隠さず、スポークスマンを通じ、公的に談話を発表させた。

エッティンガーは、自分に勝ち目がないのを悟るのに二、三日かかった。土曜日の時点でまだ彼は、中途半端な訂正でなんとか逃れられると考えていた。「誤解はあるが遺憾に思う」と述べた彼であったが、週明けの月曜日、ベルリンの党委員会後に「私の見解を改める」と正式に表明した。

メルケルは勝利を得た。だが今回の対決路線は、党首の地位が確立されていたので比較的リスクは少なかった。証明可能な事実もあり、ホーマン事件の経験からも、CDUがエッティンガーの発言をなかったことにはできないだろうと皆が思った。「アンゲラの配慮のおかげで助かった」とバーデン=ヴュルテンベルク州CDU議員団のトップであるゲオルク・ブルンフーバーも今では回想している。騒動の最中は「我々は留保なくエッティンガーに味方する」と言っていたのだが。

ローマ教皇を批判

二年後、メルケルがローマ教皇を批判した時の展開は違った。ベネディクト一六世は、CDU党員ではなくドイツの州首相でもなかった。CDU党首でありドイツの首相であるメルケルは、ローマ教皇を党員のホーマンやエッティンガーと同列に考えてはならない。ローマ教皇を除名はできないし、連邦憲法裁判所に解任動議を提出することもできない。それでもメルケルは、上位に立つ者として訓戒を与えたのである。カザフスタン初代大統領ヌルスルタン・ナザルバエフとの共同記者会見の場をメルケルは用いた。この短い報道発表では、ジャーナリスト側の質問はほとんど許可されず、どのような質問がふさわしいかは事前に通知されていた。「重要なのは、ローマ教皇及びバチカンによる（ホロコーストの）否認があってはならないとの明確な意思表示である」とメルケルは発表した。この声明すらメルケルは「まだ充分ではない」と思ったそうだが、まるでメルケルの部下やならず者国家の首相に対する発言のように聞こえた。

だが、ローマ教皇に語りかけたメルケルの肩書とは、いったい何だったのだろうか。カトリック教会の首長だろうか？　そうではないだろう。確かにドイツの国家と教会は、フランスとは異なり、多方面でからみ合っているとはいえ、それぞれの領分をダイレクトに混合するのは適切ではない。ドイツの司教は長い間選挙に一定の距離を保ってきた。反対に政治家は、処女懐胎の教義への批判や、教会の性道徳へのコメントを差し控えていた。ただ、カトリック系の病院がレイプ被害者に医学的な処置を拒否する等の政治的な問題が生じる場合は別だ。しかしローマ教皇が、ホロコーストを否定する発言をイギリスで行った司教を復権させた時、ドイツの政治との関連は、ほとんど認識されていなかった。

ではメルケルは、バチカン市国という世界最小の独立国首長としてのベネディクト一六世に対峙したのだろうか？　それはあり得ることである。それでも仮に、イラン大統領マフムード・アフマディネジャドが、十年一日のごとくホロコースト否定発言を行うならば、メルケルが遅滞なく大仰に訓戒を与えるはずはない。ベルリンにおけるメルケルの行動ゆえに有名になった話であり、世界中でヨーゼフ・ラッツィンガー（ベネディクト一六世の本名）は「ドイツ人の教皇」として認識されたのである。だからこそメルケル首相は、ローマ教皇がドイツの国家理性に対する罪を犯したことに黙ってはいられなかった。

シュヴァーベン（ドイツ南西部）のキリスト教民主主義者ブルンフーバーは、またもローマに滞在し、またしても党首と対立した。「教皇にそのような振舞いをしてはならない」とブルンフーバーは言った。だがこの時のメルケルの行動は、エッティンガー発言への対応とは違った。ブルンフーバーによれば、メルケルはすぐに電話して来たが、叱責するわけではなく、カトリック教徒をなだめるにはどうしたらいいかとむしろ助言を求めたという。

バチカンのローマ教皇と和解すると決断したのは、それから四八時間以内のことだった。火曜日にローマ教皇を批判した官邸内のグレーの壁の前に同じように立ち、木曜日には謝意を表明した。ホロコーストを否定したリチャード・ウィリアムソン元司教に対し、ベネディクト一六世が発言撤回を要求したことを、「重要かつ良い兆候」であるとメルケルは言った。その週末、メルケルは教会のトップに電話し、日曜日にはバチカンと連邦新聞局が、協定を締結したかのような共同声明を発表した。「人類のために今も続く『ショアー』（一九八五年仏映画。クロード・ランズマン監督。ホロコーストがテーマ）の警告という共通する深い関心によって実現された建設的で立派な談話」だった。

メルケルの当初の計算は間違っていた。だが当初の発言を撤回しなかった。メルケルはあたかも法王が彼女の懸念を共有するかのように振舞った。そしてカトリック教徒のため出張に赴き、多くの時間を費やした。この事件のクライマックスは、ミュンヘンにおいてカトリックのアカデミーで行われた長い演説であり、そこで彼女は自分が「キリスト教的人間」に属することを認めた。その時メルケルは、ベネディクト一六世の著作を賞賛さえした。おそらくそれは、旧東ドイツの学術アカデミーに所属した頃、読書家として知られたメルケルにとってお気に入りの本というわけではなかっただろう。

「法王がまだ枢機卿だった時代に、たいへん興味深い文章を書いているのを見つけました。我々のヨーロッパ諸国において世俗化の影響は大きく、そのため日常生活における信仰の存在がひそかに空洞化しているとあります」とメルケルは話した。この文化悲観論者的な考察の後、彼女はすぐにプロテスタント的な謙譲を讃える話題に移った。メルケルは、使徒パウロのトートロジー（同義語反復）的な言葉で話を終えた。それはマルティン・ルターがプロテスタント神学の中心にしたものでもあり、メルケルの政治理念にふさわしい。「自由を得させるために、キリストはわたしたちを自由の身にしてくださったのです」。

国家と教会のあいだの分離について、東ドイツのプロテスタントの女性が西ドイツの宗教上の同志とは違う非常に正確な考えを表明したために、この出来事はいっそう驚くべきものになった。メルケルがCDUに入党して苦手だったのは「党大会の前に礼拝があること」と語ったことがある。「私には、礼拝は個人的でプライベートなものでした」。

もし彼女が党大会にキリスト教的価値を認めるというなら、それはあまりに空疎に響くだろう。彼女が、その心の深い部分に刻印された文化プロテスタント主義（新プロテスタント主義の一つでキリスト教と近代文化との調和を主張する）を超えて、狭い意味で信仰があるのかどうかは誰にもわからない。メルケルの宗教理解によれば、それに世間一般が興味を持つ必要はないのである。

メルケルとユダヤ社会観

教皇批判の三年後、ムスリムの割礼は身体傷害であり処罰の対象になるとの判決をケルン地方裁判所が下した時、ユダヤ人の割礼に関する論議も起こった。メルケルは、以前と同様に断固として対処した。法王を批判した際には、世俗的な理由により宗教共同体の独立性に介入したわけだが、今度は反対に世俗から宗教儀礼を保護しようとした。ドイツの国家理性をどう考えるか再び問題になった。国家社会主義（ナチズム）の独裁が終わって六七年後のドイツで、ユダヤ的な生き方が禁止される印象があってはならないとメルケルは考えた。二〇一二年六月一六日、ＣＤＵ幹部会における演説冒頭の言葉は「コメディアンの国」だった。

このテーマはメルケル首相にとって非常に重要であり、ケルン判決の半年後、当該手術の無罪を保証する法案を議会が決議する直前、再度その件に立ち戻った。ハインツ・ガリンスキー賞（ユダヤ人協会ハインツ・ガリンスキー財団による賞）受賞に謝辞を述べるスピーチにおいて、割礼論争に関し長い部分を費やした。「この法律がそもそも必要であることが悲しい」とメルケルは言った。さらに「ドイツにおけるユダヤ人とムスリムにおいて、彼ら自身の善悪が社会にそぐわない場合に他がどう考えるか節度のない発言が多い」と批判した。それでもマイノリティと交流することで、社会における人間性が決まると言った。「健全な常識」が及ばないところで政治が必要なのだという。

メルケルのスピーチは、割礼論争からイランの核開発問題にいささか急に話題を転じた。「この問題はまたアラブにおける政治的重要性の変化にも関連する。現在憂慮される核開発問題におけるイランの役割、あるいはシリア情勢の展開、これらすべてがイスラエルの安全保障の問題である」とメルケルは言い、さらに「イスラエルの安全保障は、ドイツの国家理性である。ドイツは中立ではない」と付言した。

それは五年程前にクネセト（イスラエル議会）で彼女が行った演説と同じ意味を持っていた。アンゲラ・メルケルがイスラエルの議会で初の外国の首相として演説したのは二〇〇八年五月一八日だった。「歴史的な責任が、ドイツの国家理性を造り上げた。すなわちイスラエルの安全保障は、ドイツの首相である私には議論の余地はない」と彼女は言った。決定的な発言はその時である。「議論するなら、戦後の猶予期間中にあるドイツは、意味のない言葉があってはならない」――ということは、もしイスラエルがテヘランへの「先制攻撃」を開始するなら、ドイツ人兵士が戦場に駆り出されるのだろうか？

二〇一二年五月、新しく選出された連邦大統領ヨアヒム・ガウクは、初の外国訪問にイスラエルを選んだが、メルケルの発言を繰り返すことはなかった。「イスラエルの安全と生存権が危機にさらされるなら我々は味方する」と言っただけだった。「国家理性」や「猶予期間」についてては触れなかった。反対にイスラエル政府に軍事行動を控えるよう要請した。「もしイスラエルが、隣国と共に永続的な平和を創るため努力するならば支援する」――これは有事の際の協力のようには聞こえなかった。メルケルの約束を無責任で危険だと思ったドイツ人の大半の喝采はガウク大統領に向けられた。

ガウク大統領の退却の動きに対する反応を見たメルケルは、ドイツ人についての自分の考えが正しいことを確認しただろう。ガリンスキー賞受賞スピーチでは「現実には、反ユダヤ主義と外国人を敵視する意見に、我々ドイツ人の多数が賛成することが今もある」とメルケルは言った。さらに、反ユダヤ主義に関する政府報告書を引用し、ドイツ人の約四〇％が「ユダヤ人の多くは、今日、第三帝国というドイツの過去から利益を引き出そうとする」という一文に同意しており、「イスラエルの政策に関し、三八・四％は反ユダヤ主義的な立場に理解を示す」と付言した。「したがって、この国でいったいどうしたらユダヤ人が公然と生きられるのかという問いに衷心より同情する」。

この数字は、他の国々とほとんど変わらない。ポーランドやハンガリーのような東欧諸国では明らかに数値は高く、イギリスやイタリア、オランダのような西欧諸国では若干低い。しかし、ヨーロッパのユダヤ人殺害が決議されたのは、ワルシャワでもロンドンでもないベルリンであり、このことがドイツの数字に別の意味を与えている。メルケルはこの調査結果を見て、自分が統治する国民の少なからぬ割合は、明らかに歴史に学んでいないと考えている。このように自国民を非難するのは、ドイツ人が変わらないことを嘆くよりも道徳的に重要であり、同時にメルケルはドイツ人の歴史認識を高めてゆく。

ドイツの戦後政治においては、自国民に対する深い不信の念が事実上連綿と続いてきた。すでに一九四九年の憲法起草者は、反民主主義的な政党が多数派を獲得した場合に備え、基本法に一連の条項を書き込んでいた。アデナウアーからコールに至るまで政治的指導者は、ドイツが逸脱する可能性を防ぐ保証をヨーロッパ統合に見出した。戦後西ドイツにおいて自国に対する疑いの念は、より大きな政治的一体化を進めるために自国の主権を放棄する最も強い動機だったのである。それでも東西ドイツ統一によるベルリンへの政治機能移転は、かつての帝国首都でドイツ史の幽霊が再び台頭するかもしれないという恐れのためにあやうく挫折するところだった。二〇〇六年サッカーワールドカップの熱狂以来、多くの観察者にはその危険にとりつかれたように見えている。ドイツ帝国が成立した一八七一年以来初めてドイツ人は、喜びと平和と寛容にみちた解放的な親近感を自国に感じたのかもしれない。当時、メルケル首相もスタジアムで歓声を上げたが、メルケルは過去の歴史がこれで平和に終わるとは明らかに考えていない。

メルケルによるドイツのユダヤ人とイスラエル国家への支持表明は、ホーマン事件での失敗から学んだ結果だと多くの人がみなす一方で、彼女の政治的信念だと考える人もいる。もしメルケルの政治思想にそのような核心があるなら、その中には資本主義と市場経済という信条も属している。

第8章　「福祉国家」のためにお金を稼ぐ資本主義

市場経済への確信

一九九〇年二月一〇日、旧東ドイツの政党「民主主義の出発」（ＤＡ）を代表する女性が、ベルリナー・ツァイトゥング紙に寄稿した。「我々がさらに発展するために最も重要なのは、経済的状況の強化である」。

当時の同紙は、改名したばかりのＰＤＳ——民主社会党、その前身はドイツ社会主義統一党（ＳＥＤ）——の監督下にあった時期である。「新しい経済秩序の枠組で価値を得られないならば、社会やエコロジーの分野においても何も得られない」。

その証拠として筆者は、名高い戦後西ドイツの歴史に立ち戻った。「国民が敗戦に絶望した時代に、ルートヴィヒ・エアハルト（CDUの政治家。「エアハルトの奇跡」といわれる戦後西ドイツの経済成長を牽引した）は、競争と市場の方向に経済を動かす素晴らしい構想を描いた——むろんW・オイケン、F・ベーム、A・ミュラー・アルマックも」。

これを書いたのがアンゲラ・メルケルである。旧東ドイツで初めての（そして最後になった）自由選挙が三月に迫っていた。DAは、論説の発表される五日前にCDUとの連合を決定した。だからメルケルの西ドイツ支持表明も、そう驚くことではないかもしれない。それでも旧東ドイツの市民運動家が、金銭欲などというものを、心中密かにあるいは公然と軽蔑していたのを思えば、純粋に経済的理由に基づいたメルケルの決断には驚かされる。

メルケルは当時三五歳だった。多くの市民運動家のように、資本主義に距離を置くべしとの理想に固執するには若すぎた。だがその一年前、西側に大量に流出し旧東ドイツ体制の崩壊をもたらした大部分の若者よりは齢を重ねていた。若者たちは、たそがれの旧東ドイツに将来性はないと考え、ルートヴィヒ・エアハルトに導かれてはいなかったが、ジャーナリストのスザンヌ・ライネマンが書いたように「消費への欲望」に駆られたのだった。旧東ドイツの若者たちが消費を好むことにかけては西側の同世代にそっくりだったこと——まさにそれが政権の転覆に効果的だった——は、西ドイツではほとんど認識されていなかった。外見的には西側の若者に似ておらず、多くの面ではすでに大人になっていた。

当時、西ドイツの人々は、東ドイツ出身の若者のこの種の振舞いをよくからかいの種にした。たとえば西側の風刺雑誌の表紙に、東ドイツ出身一七歳、ガービと名乗る女の子が、パーマをかけたヘアスタイルで、まるでバナナのように皮をむいたキュウリを、笑顔で手に持つ写真が載った。タイトルには「初めてのバナナ」と書かれていた（物資の欠乏していた旧東ドイツでは、バナナは高級品だった）。

西ドイツの知的な人々は、東ドイツの人々が消費の欲望を満たすことをもてはやした。それがポストモダンであり、ポスト理論主義、ポスト唯物主義だと思っていたのだ。西側の人々は、資本主義体制に代わる道はないと悟っていたからこそ、自らの属する政治経済システムをあれほど厳しく批判していたのである。

たいていの東ドイツの人々には、事態は逆さまだった。彼らは西側の物質的な豊かさを求めており、経済的な目的を達成する政治的な手段として、西側の体制を求めていた。しかし彼らはすぐに、永遠を保証された体制などないという当たり前の事実に気づくことになった。

一九九〇年の大転換期以降、メルケルもおなじような認識を得た。一九九〇年以降今日に至るまで、メルケルの言ってきたことは「経済的に非効率なシステムは、破綻を宣告されている」に帰結する。これは、東ドイツの市民運動家のいう人権や西ドイツの反共産主義などから遠く離れている。

「かつての西ドイツでも、強いドイツマルクがなければ、自由への愛もそれほど大きくなかったでしょう」とメルケルは言う。メルケルのこの考えは、旧西ドイツが旧東ドイツを建前では称え、現実では批判したことに答えている。さらに、共産主義諸国は西側との経済的競争に負けたという歴史的事実を認めている。もし仮に旧東ドイツの経済情勢が好転し、休暇には旅行も可能になり、体制を変革する民主主義や民権を放棄したとしても、今日の中国を見るなら未解決の問題はなお残っている。

ヨーロッパの債務危機に関するメルケル首相の発言で、最も議論の的になった一文は、この文脈に属している。二〇一一年九月一日、ポルトガル首相との共同記者会見で、メルケルは「そのために我々は、市場の動向に一致し、かつ議会の同意を得る道を見出すでしょう」と言った。これを聞いた記者は、欧州金融安定基金（ＥＦＳＦ）の機動性が、ドイツ連邦議会の同意を得るため弱められてしまうのではないかと質問した。この時のメルケルの談話は、マスコミの論調では「市場に一致した民主主義」と短縮された上、「今年のダメ表現」に選ばれてしまった。メルケルのこの発言は、ドイツ人が民主主義にあまりに多くを求めすぎることへの不満を、ヨーロッパという次元で表していた。それにしても、民主主義体制における政治的成功は経済的能力と不可分であるというメルケルの確信は、このようなふとした言葉にもみられる。

メルケルのような旧東ドイツ末期の市民は、経済的な非効率を見過ごせなかった。それは、旧式のコンピュータ技術のため、計算結果を待つことに日々を費やした女性物理学者だけではない。東西ドイツの経済的格差は、戦後の二〇年間はまだそれほど大きく開いていなかった。当時の西ドイツは、最後に競争に負けるのは自分たちかもしれないと思っていた。一九七〇年代以降、西ドイツが快楽主義的な消費経済に転換して初めて、東ドイツは西側との接触を断絶した。保守的な階級組織社会を志向したのはその時からである。

メルケルが、こういう洞察を控えめに用いたのは明らかである。女性担当大臣や環境大臣に就任し、テーマが経済に密接に関わっていたにもかかわらず、経済通の政治家には見えなかった。シュトイバー（ＣＳＵ）が首相選で負けた二〇〇二年、ＣＤＵ党首として苦労した時になって初めてメルケルは、権力政治の主戦場においてはっきり立場を示し、市場経済への支持表明を中心に据えた。しかしこれは選挙に有利ではないことが二〇〇五年の選挙戦で示され、メルケル党首はいったん棚上げにした。

ユーロ危機が起き、ヨーロッパの隣国の人々に経済改革を求めるため、ドイツ国内の喝采を受けつつメルケルは再び経済改革政策を持ち出した。ユーロ危機の際にメルケルは「ヨーロッパの人口は、世界のおよそ七％である。ヨーロッパは、世界経済の生産能力の二五％に責任がある。そして世界の社会福祉費用の五〇％を負担している」と繰り返し述べた。それはどこでも鳴り響くメロディのようである。「かつてのエーリヒ・ホーネッカー（ドイツ民主共和国＝旧東ドイツの国家評議会議長。一九一二〜一九九四年）による『経済と社会主義政策の統一』のように破綻しないため、我々の福祉国家のために、お金を稼ぐのです。中国人やインド人やブラジル人よりも、勤勉でなければなりません」。

改革の熱狂が頂点に達した時、メルケルは「新しい社会市場経済」について演説した。かつて行われた人頭定額方式及び単純課税に関するライプツィヒ決議の際には、「新しい」市場経済とは、旧来のものより「社会的ではない」と理解されていた。しかし実はメルケルがこれを明確に定義したことは一度もない。かなり以前の「社会市場経済」とは、旧西ドイツで存在した理念をリニューアルしたコンセンサスであるという。「社会」を強調するのか、それとも「市場」を強調するのかは、自分自身が選んでいいのである。メルケル自身の党（ＣＤＵ）が、経済団体寄りの派閥からキリスト教精神に基づく労働者支援グループまで幅広く包みこむように、左翼党からＦＤＰ（右翼系）に至る政治的多様性は、このキーワードによってカバーされたのである。

メルケルが一九九〇年に描いたドイツの未来は、西ドイツの人々の持つ自己認識が前提だった。たしかに当時は、「社会的」かどうかはともかく「市場経済」という概念は今よりずっと広く話題になった。しかしその市場経済とは、ドイツでは人気のない「資本主義」から明確に区別されていたのである。

ドイツ人の「資本主義」

「市場」という言葉は、小さくて見渡せるようなものを意味し、農家のおばさんたちが水曜と土曜に市庁舎前の広場に集まり、自分で収穫したカリフラワーを販売するためのものだった。国家により管理され保護された競争であり、計算可能であり、真面目な努力に対する正当な報酬が約束されていた。だから自らの能力が報われるものであり、恣意的な大当たりはなかった。「社会」市場経済とは、少しも矛盾していなかったのである。それどころかこの意味での能力社会を、別の方法で継続するものだったのである。つまり、年金基金に多くのお金を納付した者は、あとから多額のお金を受け取ることができ、長い年月働いた者は、もし解雇されても相応の失業手当を受け取ることができた。

そうしたシステムにおいて不平等が甘受できるのは、社会の末端に至るまで付加価値が得られる場合だけである。メクレンブルク＝フォアポメルン州の州首相ハラルド・リングストルフはその長い在任期間中、わかりやすい図式でよく説明したものである。国民が全員何も塗らないパンだけ食べているとしよう。もし全員にバターを与えるなら何が起こるだろう？　少数だがキャビアを得る人もいるとしたら？　リングストルフのこの説では、東ドイツの人は平等の観点からバターをあきらめることになるだろう。西ドイツの人は、経済的奇跡の世紀に免じ、バターはもちろん上位一万人にキャビアもＯＫ——少人数ならバターも充分あるのだから。

東西ドイツ再統一後二〇年経ち、国民的な経済成功は自分自身の財布に直結するという考えは消えてしまった。将来は出世し金持ちになるという社会的な約束事も説得力を失った——それはかつての西ドイツでさえ成就は稀だったにしても。アデナウアーにより社会福祉国家の型が形成され、ビスマルクの先例のように各人が社会的地位を保つ能力を持ち、その代償に社会的流動性は減少した。親がギムナジウム（高校）に行ったら、たとえ才能がなくても子も高校を卒業する。教育のない階層の親は、自分と同じ教育レベルに留まるよう子に勧める。ほとんどの階層の者にとってそれは快適である——少なくとも一定の職に不足がないうちは。

ドイツでは放埓な資本主義に対する反感が昔からみられ、それはほとんどすべての政治的立場に共通している。マルクス主義的な左翼は、前近代的な封建制社会に比べ、資本主義は社会主義への過程であり歴史的進歩であるとみなした。それに対して保守系及びリベラル派は、資本主義を西洋文化の大いなる破壊者と考えた。だからリベラル系歴史家テオドール・モムゼンは著書『ローマ史』で、「今日の世界では資本というもの」によって「国家と文明に対する重大な罪」が犯されたと機会を捉えて述べた。世界各地から輸入されるぜいたく品、つまり古代におけるグローバリゼーションは、後にノーベル賞を受賞した厳格な歴史家モムゼンには非難の対象だった。モムゼンは、いわば風紀警察のように、富裕層の食卓に並べられた牡蠣やウズラを没収するべきだと言ったのである。

大多数のドイツ人の見解は、近代資本主義の諸悪には地政学的な根源があるということで現在も一致している。その根源とはむろんアメリカ合衆国だが、この国をメルケル首相は賛美する。ヨーロッパ人は、微妙な違いを見分けるセンスがあったので、社会が貨幣により支配されるとは信じなかった。だが貨幣とは、社会に平等を強いるものでもある。

一九世紀初頭のアメリカに旅行した保守的なアレクシ・ド・トクヴィル（フランスの政治思想家。一八〇五～一八五九年）は、社会の平等ぶりに驚いた。それにひきかえ革命前のヨーロッパでトクヴィルの属する階層が享受した自由が新大陸アメリカにないのを残念に思った。歴史家モムゼンは「北アメリカにまかれた竜の牙（争いや不和の種の比喩。ギリシャ神話に由来）」とさえ言い、一九世紀半ばにはまだ存在した奴隷制にも貨幣の影響を見出した。

ドイツの偉大な社会学者マックス・ヴェーバー、ヴェルナー・ゾンバルト、フェルディナント・テンニースも、一九〇四年、国際会議のためにアメリカを旅行し、同様の判断を下した。社会学者ゲオルク・カンプハウゼンのいう「文化批判におけるアメリカの発見」である。彼らはこの国にそれほど関心はなかった。というのも判決は、あらかじめ確定していたからである。つまり大西洋の向こう岸では、文化のない勤労欲によって道徳的な価値は隅に追いやられているということだ。識者たちはアメリカの中に、資本主義によってもたらされる憂鬱な未来のヨーロッパを見た――機械化と合理化によって規律正しく行われる官僚政治や産業、大衆消費の流れは、およそ三〇年後にチャーリー・チャップリンが映画「モダン・タイムス」で演じたように、近い将来、個人から自由を奪い取るだろう、と。

メルケルの亡くなった父親であるホルスト・カスナー牧師は、典型的な教養市民だった。二〇〇四年、彼はウッカーマルクのハスレーベンにおける養豚施設建設に対する抗議運動で、市場の不道徳を断じた。「金だけが重視されている。生産者は利益が上がればいいだけで、それこそ豚の金を稼ぐ。消費者は、できるだけ安く、必要な分以上に買うだけだ」とカスナー牧師は言った。「市場経済的に考えるべきだと頭の中にたたき込まれ、ゆっくり考えることがない。自然でさえも市場になり、道徳的な思考を忘れてしまう」。

ドイツでは、政治的自由主義者さえも、自由な市場の力にさらされることにはしりごみする。ギド・ヴェスターヴェレはFDP党首として国家に対し距離を置くことを厳しく説いたが、FDPの大臣の中に、自由経済の企業で働いた者はいない。FDPから入閣したライナー・ブリューデルレは公務員出身。ザビーネ・ロイトイサー＝シュナレンベルガーは、協力企業（旧東ドイツの企業を指す）で働いた。ドイツ国防軍の軍医であるフィリップ・レスラー。短期志願兵及び労働仲介業者のディルク・ニーベル。そして弁護士ギド・ヴェスターヴェレは、入党前に父親の事務所で三年間のインターンをしただけである。後任のダニエル・バールは、若くして銀行業務の学校を出たが、卒業後すぐに国会へと進路を変更した。こういう政治家たちが、急進的な自由市場に賛同するのは現実離れしたものに聞こえる。実際の政治では、弁護士や医者や薬剤師を市場の厳しい風から保護することも珍しくない。

オットー・フォン・ビスマルクは、資本主義を手なずけた偉大な保守派としてドイツに登場した。近代ドイツにおいてビスマルクは、健康保険や災害保険、年金保険に関する法律により社会福祉国家の基礎を築いた。それからもちろん「社会市場経済」という名高いタームを考案したルートヴィヒ・エアハルトは、「自由」ではなく「平等」という神話によって記憶に残る。よく知られたことだが、「トライゾーン」（終戦後のアメリカ・イギリス・フランスの三国による占領地域）に住んでいた西ドイツの人々は、みな等しく四〇マルクの手持ちから経済的奇跡への道を歩んだという。その四〇マルクとは、一九四八年の通貨改革の時に、エアハルトが全住民に配ったものであった。

ドイツ人の意識に貨幣の価値を教えるのがアウトサイダーであるのは偶然ではない。一九九〇年、資本主義を賛美するアンゲラ・メルケルは、よそ者としてドイツの政治システムに入り込んだ。その一〇〇年前、ユダヤ人社会学者であるゲオルク・ジンメルは、著書『貨幣の哲学』で、人間の発明で最も抽象的なものが不可分に結びつくあの自由と距離について書いた。貨幣を使用するには、知性と同じく距離が必要である——事物を理性的かつ批判的に観察するために必要な距離である。「貨幣ビジネスに適したパートナー」とは「我々の内面に完全に無関心であり、好悪の念を持たない性格」であるとジンメルは書いた。だから一番いいのはよそ者なのである。キリスト教的な環境になじめなかったからこそユダヤ知識人や実業家がふさわしいのだとユダヤ人社会学者ジンメルは考えた。

保守的な大衆は、初めからそんな精神作用には疑いの目を向けた。ジンメルの説では、すでに古代アテネで「ソフィストとソクラテスの主知主義」に民は反感を抱いたという。このような「新手で不気味な権力手段である知性」は、「昔から受け継がれて来た枠組のすべてを嘲笑する権力」であり、「しばしば体制の解体において」その力を示し、「貨幣の力と同じように中立的で無情だった」。

それでも貨幣と知性の進撃は止まらなかった。階級制度を持つ共同体の人間関係は、近代社会において、貨幣の登場による匿名の依存関係に変化した。各人の人生は、もはや出生や集団への結びつきによって規定されてはいない。貨幣を持つ者は、自分の道を自分で日々決定する。ジンメルはその点に、当時のペシミズムに対抗する偉大な文化的進歩を見出した。

実は、旧東ドイツ市民も、よく似た経験をした。彼らが手中にした西側の貨幣に、国家の割当や恣意的な個人的関係を強要されることはもはやなかった。

「昼間は真面目に、夜は遊び人に」

アメリカの歴史家スティーヴン・オズメントは、ユーロ危機におけるメルケル首相の政治は、プロテスタント的な経済倫理に回帰していると論じた。二〇一二年八月、オズメントはニューヨークタイムズ紙に「メルケルの政治が節度ある献身的なプロテスタンティズムに基づくことは明らかだ。それは同時に、慈悲深く犠牲的精神に満ちている」と書いた。「社会が危機にある時に利益を得る者は、受け取ったものを社会に還元する道義的な責任がある」。宗教改革を経験した国の人々の多くは、メルケル首相のようであるという。「メルケルは、ゆすりたかりの類の諸都市や浪費好きの国々では、人間らしく豊かに生きることができないという自分の信条を厳しく守る」。

実際ドイツでは依然として貯蓄率が比較的高く、労働の対価全てを短期間に消費することはない。消費するとしても、自動車や絵画、高額なエスプレッソマシンのような耐久消費財を好み、イタリア人のようにファッションや食事に使ったり、近くのカフェバーでエスプレッソを飲んだりはしない。

ところがドイツのように不動産所有率が低い国民は、資産形成の面から考えれば、あまり賢明とは言い難い。また自動車のように多額のコストを必要とする消費財はほとんどないのだが、ドイツではそれが伝統的に好まれている。ヨーロッパ各国と比べこういったドイツの特徴が、二〇一三年の初めにヨーロッパ中央銀行の財産統計によって確認された。しかし資産額やその内訳をみても、一国の経済的ダイナミズムはほとんど分からない上に、そもそも経済力の根底にある社会規範が国民的な思い込みの産物なら、その規範が揺らぐことはない。

ドイツの社会規範とは、たとえば戦後の第一世代が病的なまでに服した「節約」の精神である。今日に至るまで、生活用品をめぐる価格争いがドイツのように強烈な国はない。ドイツでは、バターの値段をアルディとリードル（いずれもスーパーマーケット）で比較し、二、三セントを節約するために、ひどく遠回りして買い物する。そういうバター探しの旅の原動力は、金銭欲ではなく、節約心がないのは非難すべきだらしなさであり信用できないという確固たる価値観なのである。自動車のガソリンを、よく考えもせず手近なガソリンスタンドで買うのは、人間の堕落である――その有名メーカーのガソリンが、車のエンジンに良いと分かっているなら話は別なのだが。

「ケチはカッコイイ」――ドイツの大型電気店チェーンのコマーシャル文句である。これは最近の若者たちの新しい不道徳の証拠としてよく引用されるが、実際には非常に古くからの日常生活でのドイツの道徳である。ここで重要なポイントは、消費資本主義における禁欲の美徳が新しいタイプの人間にとって非生産的に作用するということである。アメリカの社会学者ダニエル・ベルは、一九七六年、著書『資本主義の文化的矛盾』においてすでにこの現象を記述した。個々人が労働の場で欲望を抑制する一方で、暇な時間には快楽主義を求めるだろう――「昼間は真面目に、夜は遊び人でなければならない」。

この両者の混合がさらに進むなら、事態はより複雑になる。「諦観の倫理学」とはそのようなものであり、メルケルの父は養豚施設建設に反対し、今日忍耐というものがないと説教した。いずれにせよそういう態度は経済にダメージを与える。豊かな社会では容易に起こり得るように、もし国民の消費意欲が衰えたら、国家は今ある商品のスクラップに報奨金を与えてでも介入する。経済用語で言うなら、ドイツの内需は、ルターの資本主義批判の影響により現在も苦境にある。

資本主義に対する賛成や反対は、政治的な左翼と右翼の図式では分類できない。演出家ニコラス・シュテーマンは、若い演劇人の中でも政治センスに優れているが、二〇〇八年、六八年世代の演劇仲間との論争でそれを示した。「六八年世代の反乱は、消費社会において個人を解放する道を開いた」と演劇誌テアターホイテ誌にシュテーマンは書いた。「しかしこの運動がそれほど成功しなかったのは、新自由主義的でグローバルな資本主義に必要な数多くの欲望が、その運動の中に表現されたからだろうか？」

実際に、今日の雇用者（経営者）団体で女性の一層の就業参加を望む者はほとんどいない。広告業界は、子どものない人々の消費力をほめたたえるが、後の「ヤッピー」とは異なり六八年世代ではその割合は高くない。そしてかつては激しく議論された保守派の「家」という概念も、就業形態が柔軟になったことにより、とうの昔に愛すべき遺物になった。

一九六八年以後、社会と経済の自由化が同時に進行し、きわめて規律正しい経済活動に並行してアデナウアー時代の保守性が現れた。ベルリナー・ツァイトゥング紙に掲載された記事でメルケルが示唆したように、ナチスの戦時統制経済やソ連占領地域における計画経済、そして破壊された西ドイツにおいて連合国軍が実施した経済統制に比較するなら、ルートヴィヒ・エアハルトの市場経済は完全に「自由」だった。現在の状態と比較するなら、旧西ドイツ経済は、今日では想像できないほど規制されていた。一九五七年以降、大店法に基づき全企業が月曜から金曜は夕方六時半、土曜は午後二時に閉店し、日曜日の休業は厳格に守られていた。新家族法が発効する一九七七年まで、既婚女性は、夫の承諾書を得て初めて就業可能だった。切手の販売は国家の管理下にあり、鉄道は官庁として組織され、航空会社は一極（ルフトハンザ航空）支配だった。一九五九年初めにようやく、ドイツマルクは他の通貨に無制限に交換されるようになり、人や物、サービスと資本の自由な移動を伴う共同のヨーロッパ域内市場の成立は、一九九三年まで待たなければならなかった。

旧東ドイツ市民だったメルケルの視点からすると、旧西ドイツがどんなに規制され安全確実を志向したシステムだったかがわからなかった。二〇〇五年にまだメルケルは「我々はリスクを避けることはできません」とドイツ人に公然と訴えた。「安全志向がとりわけ著しく、リスクテイクの覚悟は発展途上である」。

そういうフレーズは、メルケル党首は新自由主義者だという評判をもたらすこともあった。だがジャーナリストのシュテファン・ヘーベルによる最近の主張とは異なり、改革意欲が頂点に達した時にも、閉鎖的な自由経済世界観を持つことはむろんなかった。メルケルの生まれ持った気質により、旧西ドイツの規制をアウトサイダーの目で観察し、そうした規制を、あたかも子どもの可愛い癖やふわふわの安全クッションであるかのように受け取ったのである。

ゆえにメルケルの政策に対する保守派の批判は、経営者視点の批判とは区別されなければならない。かつてのヘルムート・コールという模範にならいＣＤＵを政治的中心に押し出そうとする党首メルケルに対し、二つの流れ（新自由主義と保守主義）が時に一つになって向かってくる。だが実際には、根本的に異なる二つの世界観の問題である。そのため初の女性党首メルケルは、常に自己を主張したのである。

「すべての借金には、限界がある」

資本主義に寄せるメルケルの信頼は、二〇〇八年秋に始まった経済危機でも基本的には揺らがなかった。しかし、メルケルの目には、経済専門家や経済エリートの威信が急速に消えてしまったように映った。二〇〇八年以前の経済専門家たちは、政治家の手際の悪さと無能を非難し、トークショーに出演すればどんな難問にも解決策をプレゼンし、それが実際に有効かどうか証拠を示す必要もなかった。アメリカの不動産バブルがはじけた上に、投資銀行のリーマン・ブラザーズが破綻するというグローバル経済の大事件に、彼らは今や完全に驚愕してしまった。

政治的な決断を専門家に委ねようとする試みは、CDU、SPDのいずれもすでに失敗していた。二〇〇五年の議会選挙戦で、税金に関する専門家パウル・キルヒホーフを巻き込んだために、CDU党首メルケルは、ほとんど確実と思われた首相のポストを逃した。メルケルの前任者であるSPDのゲルハルト・シュレーダーは、フォルクスワーゲン労務担当役員ペーター・ハルツをめぐって専門家委員会の助言を求めたせいで選挙に敗北した。専門家の理念は、政治的観点から三重に否認された。専門家の勧告は、政治的な摩擦を高めただけではなかった。社会というものは複雑であり、たとえば税制改革後に国庫収入が期待よりずっと激しく落ち込むといった予期せぬ影響がある。つまるところ、政治家が知るべきは、専門家は計画が失敗すれば隠れてしまい、国民の怒りにさらされるのは政治家だけということだ。

二〇〇八年から二〇〇九年にかけて、経済危機の冬に行われたすべての景気対策プログラムの間にも、借金による経済政策の危険性がメルケルにはわかっていた。主要メディアが二〇〇八年の年末に景気対策を取り上げ、二〇〇九年の年頭には国家債務の増加を嘆いたが、メルケルの目にはマスコミの威信がとくに高まったわけではなかった。ユーロ危機の始まる一年前、すでに彼女は高額の負債が引き起こす結果を警告したが、銀行危機のため諸外国の債務はさらに積み上がった。二〇〇九年、メルケルは「他でもないドイツにおいて、負債がみるみるうちに劇的に増加します」とベルリン商工会議所の演説で言った。「危機が起きたのは、借金をしなかったからではありません。借金をしすぎたから危機が起きたのです。我々は、現在の危機と戦ううちにもう次の危機を呼んでしまわないよう注意すべきです」。

プロテスタント式の借金への反感は、メルケルには強くみられる。二〇〇九年の夏、彼女は亡くなったばかりの社会学者ラルフ・ダーレンドルフの最後の論文をよく引用した。それは「危機の後に――プロテスタント的倫理への回帰？」と題されていた。

その論文で、ドイツ系イギリス人の社会学者であるダーレンドルフは「節約資本主義から借金資本主義への道」を嘆き、過去の世紀に西側社会は回帰するべきだと説いた。その論文の最後に、工業的な生産が他国に移転することは文化的転換であると彼は論じた。つまり今日では、特定の宗教に結びついているわけではないが、プロテスタント的な価値がまだ有効である国々においてのみ、真の価値創出は行われているというのだ。ダーレンドルフは、昔の生活への回帰を信じるほど素朴ではなく、昔の同僚であるベル（前出・P174）に、消費資本主義の矛盾をみていた。しかしダーレンドルフが賛成したのは「古き徳の再生」であり、ここからは「節度を守るべく常にいましめる」という言葉が思い出される。この言葉は、資本主義に懐疑的であったルートヴィヒ・エアハルトが、西ドイツの人々に与えたものであった。ダーレンドルフの結論は「すべての借金には限界がある」である。それはメルケル首相の政治的なスローガンとしても通用するかもしれない。

二〇一〇年の九月末、第四八回ドイツ歴史家会議がベルリンで開催された時、経済政策の根本についてさらなる認識をメルケルは得た。メルケルは、当時のヴェルナー・プルンペ会長の「経済危機は、近代経済に避けがたく結びつき、時には前進と発展のために重要な役割さえも果たす」という説に賛成した。そこでは景気の循環をシニカルに受け入れるのではなく、「負債以上の経済成長を求めて、国家の道を誤ってはならない」ということが重要だった。

財政的にルーズな政治に対するメルケルのプロテスタント的な拒絶は、負債を「罪」にも等しいとみなすものであり、根本的には資本主義とはあまり関わりがない。歴史的な資本主義のダイナミズムは、資本の蓄積によって発展する。その資本は、将来的な利潤の見込みによりさらに投資される。この原理に回帰するには、西側諸国の戦後数十年間のような経済成長率は、もはや期待できないことを認めなければならない。人口の減少傾向がリスクを高め、最後には一人当たりに背負いきれないほどの債務を負わせるのだ。

一九九〇年、かつてのアンゲラ・メルケルが、ベルリナー・ツァイトゥング紙に書いた資本主義と市場経済への支持表明についても、今日のメルケルなら強調する箇所を少し変更するかもしれない。エアハルトが戦後の西ドイツで描いた「競争と市場の方向に経済を動かす素晴らしい構想」は、競争と市場「だけ」の方向に経済を動かす構想と今なら言うだろう。その構想をもはや「素晴らしい」と言うことはできないので、ドイツの経済域を「ガードレールのように」安全に守ってくれる構想と言い換えるかもしれない。

メルケルは、旧来の「自然」を教条主義的に守るのではなく、むしろ実践的に生きようとプロテスタント風に確信している。だから彼女はかつてドイツ国民の大半を占める意見にただ一人反対したのだった。ドイツでは、差し迫る危機をよそにして、経済成長の意味がむしろ低く評価されている。二〇一三年の年頭には、「ドイツの国内総生産は、ドイツの政治的重要性よりも、ずっと下位に位置づけられる」との世論調査結果を、ドイツ経済研究所及びインフラテスト（マーケットリサーチ会社）が、フランクフルター・アルゲマイネ紙日曜版に発表した。

かつてメルケル首相は、親しい集まりで気づいた――ドイツ人は「どのように」生きるかということをよくわかっているが、将来的に「何によって」生活できるかについてはほとんど考えていないのだと。ひょっとしたら、これもまたプロテスタントの経済倫理に属しているのかもしれない。メルケルの人気度が伝える首相像の背後で、国民との合意形成はまだ遅れている。つまり、時には良心の痛みを感じさせる厳しい女教師のことを、とりわけ国内で不愉快な実行が伴わない場合には、ドイツ人は好きなのである。権力政治家であるメルケルは、そういう方向を目指している。

第9章　あざやかな「連立の魔術師」

連立の組み換え――二〇〇九年、黒黄政権発足

アンゲラ・メルケルの選挙区に、ハンザ都市シュトラールズントという有名な観光都市がある。二〇〇九年、連邦議会選挙の直前だった。

この地で選挙運動に励むメルケル首相の傍に、観光客の西ドイツ住民が近づいた。彼はメルケルに向かい、自分は黒緑政権（ＣＤＵと緑の党の連立）を望むので、もしそうなるなら一票投じるのだが、と言った。メルケルは、思わず本音を言いかけたが口をつぐんだ。

「私はその時、インタビューされたらいつも言うことを元気よく言いました――メルケルを首

相にするならCDUに二票投じましょう」。連邦議会選挙において有権者は第一票に各選挙区の候補者名、第二票に政党名を記入するため合計二票を持つ。

メルケルの腹案は、選挙前からむろん、黒黄政権（CDUとFDPの連立）だったのである。アンゲラ・メルケルは、こういうふとした瞬間にも気づきを得る。この選挙戦が目指す二つの選択肢――黒黄（CDU／FDP）あるいは黒赤（CDU／SPD）以外にも連立の可能性は開かれている。その上、初の黒緑（CDU／緑の党）政権の首相になることすら否定しない。ボン共和国（旧西ドイツ）の時代と同じカラーの連立を反復するのではなく、本当に新しいものをスタートさせる。大連立は過去になったとしても、黒黄政権によって自陣営が孤立するのを避けるために。

当時、CDU党内のメルケル派は、FDPの票さえあれば政権を奪取できるだろうし、得票率は四〇％近くに上るだろうと予測した。緑の党は、左翼という目隠し革（ブリンカー。視野を狭くするための馬具）がなければ、合意可能なリベラル中道政党として潜在的な票を掘り起こすだろう。そして緑の党はSPDと合流し、多数派は無理にしても政権を望むだろう、と。だが二〇〇九年九月にはそこまで達しなかった。メルケルは選挙戦中から勇敢にも希望する連立政党として指名したFDPとともに連立政権を握ったのだった。

実際にはメルケルは、この政権を共同プロジェクトとみなしていなかった。それはもう投票日の夜には明らかだった。ＦＤＰの極端な激しさがＣＤＵを傷つけるかもしれないと危険視していた。この新しい連帯は、連邦議会――当初は連邦参議院も――における計算上の多数派形成のためだけに結ばれていた。連立のためにＦＤＰと経済団体寄りの会派に政策変更を多く約束したのは、メルケル首相の任務を一筋縄でいかないものにした。事実この時から、過去の大連立政権の時よりも政務はずっと困難になったのである。

選挙当日の夜、まだメルケルはこの新しいシンボルカラー（黒＋黄）を認めていなかった。メルケルは「私は、すべてのドイツ人のための首相でありたいと思っています」と言い、連立最初の年の路線として堅持した。メルケルは、新しく選出された重要な閣僚を、左翼リベラルのマスメディアによって行われたソフトで心地よいテーマのインタビューに出演させた。都会的で教養のある層のポイントを稼ぐためだ。短期間の在任だったとはいえ内務大臣トーマス・デメジエールは、インターネット世代に好印象を与え、新環境大臣ノルベルト・レットゲンは、緑の党の影響力を消し去り、ウルズラ・フォン・デア・ライエン（家族・老人・女性・青少年担当大臣）は女性問題について語るなど、ＣＤＵのもくろみは明白だった――我が党は、従来のＦＤＰに対し市民が持っていた悪印象のために減点されることはない。

投票日の翌日、ベルリンのコンラート・アデナウアー・ハウスの中庭に集まったマスコミの前に、新しいアンゲラ・メルケルが登場した時、観客は思わず目をこすった。とりわけメルケルが今まで知らなかったはずの法則、つまりFDPというこれからの連立パートナーについてである。メルケルは、まるで何も特別なことはないかのようにふるまった。どの政党によって首相に選ばれようと、根本的にはどうでもいいようだった。メルケル登場のきっかけはさりげなかった。ドアの前に多数のテレビ中継車があるのを見て、前日の選挙で新しい連立政権が誕生したのだとやっとわかる位である。四年前にまだメルケルは、この黒黄政権という同盟には、非常に大きな政策変更が必要だと考えていた。この時のメルケルの言葉からは、とてもそうは思えなかった。

あるジャーナリストは、黒黄政権のアンゲラ・メルケルに対し、国民の理解が得られるかどうかをメルケル本人に質問した。「国民は、私をあるがままに理解してくれるでしょう」と彼女は答えた。だがアンゲラ・メルケルの「あるがまま」とは、いったいどのようなものだろうか?――それは問題ではなかったかのようだった。遅くとも二〇〇〇年の党首交代の時には、皆がその疑問に気づいた。この月曜日、ベルリンのコンラート・アデナウアー・ハウスでまたもや考え込んだのだった。

この記者会見の場で皆が知りたかったのは、むろん新しい黒黄政権が、社会（福祉）に「残酷な」改革のショックを与えるのはいつ頃かということだった。その質問はむしろ楽しげだった。メルケルは「CDUの多数派形成能力が、新連立の成立によって損なわれないよう留意します」と答えた。その時メルケルの言った多数派を形成する能力が試される期日は、すでに目前に控えていた。半年後のノルトライン＝ヴェストファーレン州議会選挙だけでなく、一年半後にはバーデン＝ヴュルテンベルク州、そしてもちろん次の議会選挙も。

左右大連立政権だった過去四年間、メルケルは、自分のＣＤＵ党内における経済派の要求をはねつけるよう連立パートナーのＳＰＤによく指示していた。ＣＤＵとＳＰＤの選挙勝利後たった二四時間で、新しい連立パートナーは経済危機そのものだとメルケルは気がついた。その月曜日の昼頃、メルケルは「景気がどん底なら節約方法はわからない」と言った。かつてアメリカ合衆国大統領フランクリン・Ｄ・ルーズヴェルトは、ニューディール政策の景気対策後、財政を早急に引き締める過ちをおかした。ルーズヴェルト不況は、一九二九年の大恐慌から数えて八年後だった。それならメルケル首相はまだ少々時間があることになる。

その場にいた中で保守的な記者が、かなり悲観的に「それならＦＤＰとは何一つ決議できないのか」と質問した。少し苛立ちながらメルケル首相は「そう言う意味ではないと、ご自身でもおわかりでしょう」と答えた。その時メルケルには、財産相続税に関する事柄がふと思い出された――同族会社の場合に報酬額の贈与税が免除される件について、経済危機を考慮し再度検討しなくては。実際、それは連立政権最初の九カ月で行ったほとんど唯一の案件だった――ホテルのベッド数に対する付加価値税の免除を除くなら。新連立政権になってからというもの、法律関連の出版社は、新しい法律の制定数が減って商売上がったりだと嘆いたものである。

ベルリンのコンラート・アデナウアー・ハウスで行われた記者会見の一カ月後、メルケルは、首都のジャーナリストたちの前に再び現れた。今回は、連邦プレスカンファレンスの淡いブルーの壁の前だった。この記者会見でメルケルは連立政権の合意について語った。FDP党首ギド・ヴェスターヴェレ、そしてCSU党首ホルスト・ゼーホーファーと協力し合意したものだった。この二人がお互い相手を好きになったかのように振舞う一方、メルケルは冷静だった。二〇〇五年の就任と比べ今回の再選で何が違うでしょうかという質問に「多分、私が年を取って成熟しました」とメルケル首相は答えた。連立パートナーの交代は、彼女にとってそれ以上言及する価値はないようだった。かつてのSPDは、国会の中で理論上はCDU以外の選択肢を持っていたが、今回のFDPにはそれもなかった。

変化した一つは、アンゲラ・メルケルが今や以前より強くなったことである。今日に至るまで、選挙を一つ一つ乗り越えるたびに一層強くなっている。二〇〇二年、エドムント・シュトイバーが首相選に敗れ、メルケルはCDU議員団長になった。二〇〇五年、CDUは大量の票を失ったが、メルケル党首は官邸に入った。そして今回も同様である。党内と政権の主要ポジションは、メルケルとその一派が占めた。メルケルは、自分に反対する者を無害化し、予想もしない閣僚ポストとあいまいな見通しを与え、FDPをうまく丸めこんだ。

そうこうするうち記者会見場のヴェスターヴェレ党首は、自分がＦＤＰのためもっと重要な権限を獲得できなかったのを正当化する必要があったに違いない。ヴェスターヴェレは、ジャーナリストの質問に対し、ＦＤＰから五人の閣僚を出した意味には触れず、メルケル首相の談話は信頼性が高いとする穏当で優雅な演説を行った。将来的な権限の配分について質問されると「交渉に参加する」と述べた。それは、重要な財政部門に右派の彼らが手を出す野望が、すでにメルケルのせいで挫折したのを礼儀正しく言い換えた表現だった。これでＦＤＰは、二番手のポストとスタッフに落ち着いたのである。

ＦＤＰと連立する際、メルケルが口頭で約束した譲歩は、かなりあいまいなものだった。税制改革における最終交渉の夜、メルケルは、夜中の二時までヴェスターヴェレと議論し、とうとうＦＤＰはこの一文を了承した。

「連立政権は、収入に応じた課税を、段階的な課税に転換する」

この一文は「可能であれば」二〇一一年一月一日に発効することになった。その一文の二段落前には、二四〇〇億ユーロに上る負債に関し、現在進行中の軽減計画が「議会の任期中に」達成されるとあった。記録的な債務超過を前にしてそんな条文に価値があるのかと財務大臣に内定したヴォルフガング・ショイブレ（ＣＤＵ）は、初のインタビューではっきり言った。まだ連立協定が正式に署名されていない時点で、すでにショイブレは「我々はもっと長期間を視野に入れている」と言った。税の引き下げに関しては「試みる」、段階的課税の利点は「まだ明らかではない」とした。

ＦＤＰの持つ第二の重要なテーマは、健康保険改革である。連立協定では、人頭定額方式を導入するための時間的目安として「長期的」という言葉をなんとか入れた。その一方で、「健康（保険）分野においては、当面の変更は全くありません」とＣＳＵ党首ゼーホーファーは保証した。メルケルも聴いていたが、顔にはなんの変化も表さなかった。無表情を保つコツを、他の政治家にはみられないほど巧みに心得ていたのだった。もしＣＳＵとＦＤＰが互いに妨害しあっても、彼女の損にはならない。うまく機会を捉えれば、メルケルの動く余地ができる。外目には輝かしい印象を与えないにしても、見かけの良さのためだけに、権力政治の問題で引き下がることは、メルケルは一度もしたことがない。

その一方でメルケルは、連立政権が成立した際の会見では外見に注意した。黒黄政権の勝利に酔った姿を示す写真を避けたのである。かつて喜びのあまりシャンパングラスを手にした姿を写真に撮られ、ゲルハルト・シュレーダーとヨシュカ・フィッシャーは後悔した。メルケルは違った。連立協定の会談が続く中、労働組合の催しに二回も顔を出した。ドイツ労働組合総同盟（ＤＧＢ）の六〇周年記念行事が、ベルリンのジャンダルメン広場のコンツェルトハウスの豪華な建物で行われていたのである。それは、最初の交渉ラウンドが行われたすぐ目の前だった。連立政権のトップであるメルケルは、まるで礼拝に参加したかのように、そこで彼らの祝福を受けたのだった。

またメルケルは、その頃復活した新美術館を、彼女の自宅の真向かいにオープンさせた。そこには古代エジプト王妃ネフェルティティを描いた美しい絵画があった。このエジプト王妃の政治的影響力に関しては、今日まで秘密に包まれている。ただ古代の政治に携わった女性の中でネフェルティティは、クレオパトラのように権力者として堅固な自覚を持っていたと言われている。

黒黄政権最初の一二カ月をメルケルのように連立パートナーにオープンにふるまった首相は、ドイツではいまだかつていなかった。メルケルには、ＦＤＰを差別するという考えはなく、すでにこの時、ＣＤＵ党内にも党外にも自分の味方を得ていたという。ＦＤＰ党首ギド・ヴェスターヴェレは、ずっと野党の政治家だったため政権担当能力がなく、選挙に勝利したことで大はしゃぎだったそうだ。この時期のメルケルが急に変わったという印象はほとんどない。だがそれは前例のない実験だった。メルケルは連立パートナーをチェンジした初の首相になった。そしてさらに次回の連立に飛躍することさえ期待された。メルケル首相は連立相手を変えた――ちょうどジャケットを藤色やピンク色、グリーンに取り換えたように。このような期待感を操る政治センスには驚くばかりである。

メルケルが言質を取られたように見えたのは、ただ一度だけだった。議会選挙の一年後、メルケルはシュトゥットガルトで原発反対の市民に対し演説を行った。その時、反対派の強硬路線の者さえ目的を達したと思い込んだ。政権側も、とうとうメルケルもわかってくれた、と言った――何をするにしても黒黄連立を守るのだから。その上、野党の人間も明るい見通しを信じた。

さらに一年後、メルケルは新しい連立政権ではそれ以上の前進は無理だと悟った。以前のようにはいかなかった。黒黄政権の首相は、すべての政治環境で平等に人気を得ることはできないのだ。「やっとメルケルが党首の役割を認めた」とあるSPD党員が歓声をあげた。彼はすでに次の選挙戦のための仮想敵を期待していた。「あの演説は、左右大連立への別れの言葉だった」とFDP党員は勝ちどきをあげ、黒黄カラーのプロジェクトが始まると思った。だがそれは間違いだった。当時すでにCDUのまたとなく明敏な者がバランス良く発言した。「このために各陣営が旧態に戻るのではありません」。

シュミットとメルケルの同質性

このようにメルケルが自分自身を新しく作り変えたのは、これが初めてというわけではない。献金を集めるヘルムート・コールとの縁を断った一九九九年のクリスマスもそうだった。

二〇〇三年、ＣＤＵのライプツィヒ党大会で、人頭定額方式と、いわゆるビールコースター税を決議した時もそうだった。二〇〇五年議会選挙後もそうだった。税の専門家パウル・キルヒホーフを陣営に加えた選挙戦の敗北から教訓を得たメルケルが、ＳＰＤを利用し中道に移った時である。メルケルが何かのイデオロギーに改宗したと思った人もいた。だからメルケルは、課税プランと一緒にフリードリヒ・メルツ（元ＣＤＵ議員団長）をライプツィヒに封じ込めたのである。ＦＤＰ党首ギド・ヴェスターヴェレも同じような過ちをおかした。ＣＤＵ党首メルケルが、黒黄の信条に染まると思ったのだ。

そういうイデオロギーや信条は、メルケル首相が考える政治とはあまり関係がない。二〇一〇年秋の大変身もまた、権力を保持するという鉄則に従った結果である。それ以外に翌年春の地方議会選挙を切り抜ける方法があっただろうか？

そういうわけでメルケルは、ひと冬ずっと黒黄陣営の首相であった。メルケルが方向転換するのは、プラグマティズムゆえでありイデオロギーのためではない。この時期には、保守主義的な公式に合致しない決定も下している。たとえば兵役義務の廃止、それからハーツ法による失業給付受給者の限度額を、憲法裁判所の指示により増額した。当時のメルケルには、長期的な決定は期待できなかった。早とちりした原発ロビイスト以外に、メルケル首相の最終的な変身や、ライプツィヒ綱領への回帰について論じた者はいない。当時のメルケルとずっと一緒に仕事した人間は「真実のメルケルは、その時の状況に応じたかたちでのみ存在する」と言った。

メルケルの政治スタイルを一言で言うなら、状況を見る政治力と人間理解の健康さであるという。これは、ハンブルクで生まれたヘルムート・シュミット（一九一八〜。SPDの政治家。第五代連邦首相。在任期間一九七四〜一九八二年。引退後も活発な言論活動を行う）のことのように聞こえる——メルケルが彼のようにトークショーのゲストとして二〇四〇年頃に定期的にテレビ出演するとはまだ思えないにしても。あるインタビューにおけるキャッチーな肩書によれば、ヘルムート・シュミットは「今もまともに受けとめられている唯一の有名なメルケル批判者」である。

重要なのはむしろ、二人の著名な首相の類似性だろう。多くのドイツ人は、メルケルは間違った党に入った正しい党首だと考えていた。政治的な観点では、在任中のシュミットはSPD党員であるにもかかわらず、とりわけ左翼的な方面に嫌われていた。それに対し保守派は、かつて陸軍中尉だったシュミットの冷静で荒っぽい調子に感銘を受けた。シュミットは、ドイツ赤軍（RAF）のテロリストに断固として対峙し、原子力産業を拡張した。今日メルケルに対する最もうるさい批判は、保守派からのものである。それにひきかえSPDや緑の党の支持者たちは、メルケル首相人気をかなりのレベルで保っている——たとえそれがCDUの票にはならないとしても。

かつてヘルムート・シュミット首相が権力を保っていたのは、ＳＰＤ党内においてナンバーワンだからではなく、既存陣営の境を越えた彼一流のキャラクターによる政治的連立形成の能力のおかげだと選挙民は思っていた。これがメルケルの場合に似ている。メルケルは、ちょうどシュミットがそうだったように、中道とプラグマティズムによってドイツ国民に特別に愛されて得をした。

一九四五年以来、極端に偏向的な戦略は、政治的ライバルに極右か極左のイメージを与える時にのみ効果的だった。だからこそ一九五七年、アデナウアーの選挙スローガンは「実験はいらない」だったのである。それはまだきわめてアンチ資本主義だったＳＰＤに対し大成功を収めた。そしてＣＳＵ創設者フランツ・ヨーゼフ・シュトラウス（一九一五〜一九八八年。バイエルン州首相。保守派政治家の雄として名高い）を相手に、シュミットが選挙で勝利したのもそう同じ理由だった。少なくともマイン線（ドイツを南北に分ける）より北方では、このＣＳＵ党首は、シュミットを支持するハンザ都市市民たちの連帯を脅かす恐ろしい敵とみなされてしまった。

シュミットもメルケルも、偉大な改革者の分別を持って就任した。シュミットの前任ヴィリー・ブラントは、「我々はもっと思い切って民主主義に挑む」と言って期待をかきたて、必要な改革を開始した。一九七四年、ブラントが退陣した時点で改革は挫折し、期待は失望に変わった。二〇〇五年議会選挙のＣＤＵの議席減もドイツ人の改革疲れのためだった。

「ヴィジョン（幻影）を持つ者は医者にかかったほうがいい」というのは、ヘルムート・シュミットの言葉としてよく知られている。これはまさにメルケルの言うことのようである。メルケルは、遠大な将来像を熱情的に描く政治家を信用しない――たとえバラク・オバマだろうがノルベルト・レットゲンだろうが。かつての旧東ドイツ市民であるメルケルは、偉大なユートピアの挫折を身をもって知った。引き換えに、それまで誰も信じず、誰も目指していなかった未来への希望が現実になった。それは、東西ドイツの再統一でありヨーロッパ連合である。

プラグマティスト

二〇一一年の年頭所感では、メルケルの持つ世界観への扉が少々開かれた。メルケルは、哲学者カール・ポパーを引用した。「未来は広く開かれている」――かつてハンブルク出身の社会民主主義者シュミットもまた、この言葉を自分の政治が一歩ずつ前進する支えにした。メルケルの政治的実践は、ポパーの理念をよりどころにしている。旧東ドイツ市民のメルケルはすでにポパーを読んでいた。トライアル・アンド・エラーの原理によって自らの位置を知り、政治が少しずつ前進することに賭けた。未来は計画どおりではないと常に意識していた。

メルケル首相の行動指針は、アングロサクソンの哲学であるプラグマティズムに求めることもできよう。プラグマティズムは、実践を単なる理論的な考察より優先する。「真実は実践的に証明される」とハーバード大学の哲学者ウィリアム・ジェームズは、すでに一〇〇年前に著書『プラグマティズム』に書いた。真実をこのように理解することにより、ドグマとイデオロギーを正当化する最後の理由は断ち切られた。スタンフォード大学で教えた哲学者リチャード・ローティは、一九九七年、結局のところ真実とは「問題を一番見事に解決できるものである」と著作集『真実と前進』に書いた。蛇足ながら二〇〇七年に逝去したローティは、およそ保守的とは言い難い人間である。

ポパーを初めとするプラグマティストによるならば、どんな政治的路線であっても教条主義者は無意味である。理論は正しいかもしれないが、実践ではそうはいかない。西欧の民主主義理念の全ては、究極の真実はないということに基づいている。もし政治的な決断が、一義的に「真」とか「偽」とかであり得るならば、それは多数派の決定によっては確かめられない。ドイツの現首相が、政治的確信というういわば固いコルセットをつけるかどうか——もし職務遂行を彼女個人の観点で左右したなら、道を誤ったことだろう。

だからこそ、すでにソフォクレスの悲劇『アンティゴネー』において、妥協を知らないテーベ王クレオンが息子に咎められたに違いない。「自分の感覚にのみ従い政治を行う者は、やがて空っぽの国に一人で立つことになる」。

この作品は、『オイディプス・都市』と題され、古典三部作としてベルリンのドイツ座で上演された。メルケル首相も感銘を受けた。オイディプスを演じた俳優ウルリヒ・マテスと政治の本質について対談したほどである。劇場での一夜は、二人に充分な会話の素材を提供したのは明らかだ。「しかし苦境にあっては、時の助けを待つ方がよい」。若くてまだ教条主義的な頑固さに染まっていなかったクレオンの言葉も、メルケルの心にかなった。そして、盲目の予言者ティレシアスの語る全てを相対化する言葉――「誰がここに立ち、何が起こるか、私にはわかると言えようか?」。

これは仕事で要求されるところを少なくするのではない。それどころかその反対だ。メルケル首相がこのポストを維持しようと思うなら、一方では時の流れに逆らってはいけない。他方では、日々の世論調査で察知できる多数派の意思を、短期的に履行するだけの役割であってもならない。それに加え、マキャベリ以来の周知の事実ではあるが、国民の気分は変わりやすいのである――もし政府が、増大する国家債務の圧迫に譲歩したら、その政策のために翌日には批判される。もし今日、ヨーロッパ通貨同盟の未来を危険にさらすなら、明日にはヨーロッパ大陸全土で、経済的にも政治的にも混乱が生じるかもしれない。

ヘルムート・コールの教訓

一九九八年、ヘルムート・コールに関する本の中で「権力を手中にするのは、規律の厳しい学校に入ったようなものだ。権力保持を願う政治家は、自分の願望を通したら権力を増すのか、減らすのかをよく吟味しなければならない」と文筆家のパトリック・バーナースは書いた。時代を超えてその本は、まるでアンゲラ・メルケルを扱っているかのように読まれる。一六年の長きにわたって政務についたコールにとって、政治的な不確実性とは、成功のための処方箋だった。「何もしないまま動かない」というコールの性向は、怠惰ではなく、苦しみながら身に付けた自己管理の方法なのである。

ヘルムート・コールが頭角を現した頃、彼は、若者らしい反抗と党内の希望の担い手として自分を演出した。初代ＣＤＵ党首コンラート・アデナウアーのヤミ献金を党委員会で批判し、それは後にアンゲラ・メルケルがコールに対して行ったのと同じく厳しいものだった。

ラインラント＝プファルツ州生まれのコールは、常に気さくなスタイルを通し、「コール首相」と呼ばれるより「コールさん」と呼ばれるのを好んだ。それはちょうどメルケルが、自分の側近に首相と呼ばせないのと同様である。コールは、事務総長クルト・ビーデンコプフとハイナー・ガイスラー（いずれもＣＤＵの政治家）のようなモダンな人間をスタッフに集めた。

一九六七年、コールがＳＰＤを拒否したことに関し、そびえたつＣＤＵ政治家の面々に比べＳ

ＰＤの側は「保守的にすぎる」とジャーナリストのギュンター・ガウスはコメントした。

当時のボンに所在する党や会派、政府において、指導的な地位に登ろうとする若手の政治家は、ダイナミックな刷新を行うべきで保守の番人では駄目だとコールはわかっていた。ヴィリー・ブラントからヘルムート・シュミットに首相が交代するとともに、ドイツが大改革を行う段階はいったん終わったということも、コールは理解していた。従って一九七六年の選挙戦では、「社会主義ではなく自由を」と、一九五七年の「実験はいらない」（アデナウアー）を思い出させる標語を掲げた。ちょうどコールが刷新のイメージを得た時期だったので、今こそ政治に生命を取り戻すべきと力強く語ることができた。

やがて赤緑政権による改革の時代が終わった頃（二〇〇五年）、時代の空気が以前（コール時代）にそっくりだとコールの政治的な孫アンゲラ・メルケルはようやく気づいた。彼女が気づくのは遅かったが、だからこそ一層厳格に前例に従った。

一九八二年、コールが官邸に入った時、政権の交代に「精神的かつ道徳的な転換」という大きな意味を与えた。それは保守的な「改革」を古典的に言い換えていた。「改革（Re-form）」とは文字通りの意味で「型に戻る」、つまり古き良き状態に戻ることであるのだと。そういう平凡な公式から政治的には何も生じなかった――とりわけ政治を実践的に理解する首相のもとでは。オッガースハイマー出身者（コール）の方言をからかった（左翼）知識人は、驚くほど長い間それを思い違いしていた。

メルケルは、左翼の側からのそういう明らかなルサンチマン（遺恨）の対象となったことはない。たとえばヨシュカ・フィッシャー（ＳＰＤ）の過去をめぐる討論で、自分の党内の立場を強化するため、古い左右両派の対立を再燃させようとメルケルは思った。だがメルケルは左翼の憎しみの対象にもならない。この女性が東ドイツの出身にもかかわらず、西側の保守的な男性社会にいるという状況がすでに同情を呼んでいたのである。

ベルリンという大都市では、この女性の髪型や着ているもの、ブランデンブルク風の話し方を見た人々は、かつてのコールの登場と同じように初めのうち態度を保留にした。オッガースハイマー出身のコールと違うのは、コールの話し方は、彼が全ての知識人からかけ離れているのを事実として示していたのに対し、メルケルは、流行のものを敵視するプロテスタント的な教養市民という、西側の大部分でいなくなったタイプの人間を体現していたことだ。時代の流れの中でそういう人間は、西ドイツの消費社会という開けた野原よりも、旧東ドイツというニッチな社会でずっとよく生きのびたのである。

統一ドイツ首相メルケルは、批判精神を持ちながら適応力に富んだ旧東ドイツの学者から発展し成長した。この女性は、作家ウーヴェ・テルカンプの小説『塔』にふさわしい。二〇一二年、テルカンプは「私の著書に描いたアンゲラ・メルケルは、社会によく適応していると思います」とインタビューで語った。そしてメルケルが多忙のため『塔』を読む時間がないのを残念がった。

女性物理学者だったメルケルは、旧東ドイツの小市民的な社会でもアウトサイダーだった。だからこそ、初めのうちは東ドイツ各州でほとんど人気がなかったのである。作家テルカンプは「メルケルさんもガウク（第一一代連邦大統領。二〇一二〜）さんも、もちろん東ドイツ人の特徴とは思いません」とも言った。しかし彼は「プラグマティズムは、典型的な東ドイツ人の特徴です。何事も即興の技できりぬけるのです」と付け加えた。メルケルの気さくな態度のおかげで、博識や高い教養をしめす関心対象も、彼女のイメージをネガティブにはしなかった。「民衆は、精神的な優越を見せつけられると不信の目で見る」とかつてプルタルコス（帝政ローマ時代のギリシャ人著述家）は言ったものである。

それと同時にメルケルは、過小評価もされてきた。一九九九年に書かれたコール元首相との決別の手紙の後にもそうだった。本当は、あの手紙を読んだならそういう錯覚はもはや許されない。驚くべきことに、党内にいたメルケルの政敵たちが、弁護士事務所や企業センター、大統領府にそれぞれ隠退した時にもその錯覚は続いた。

だからこそドイツのメルケル首相は、ユーロ交渉の長い夜々の間、フランス大統領ニコラス・サルコジに対し、「ドイツでは、カールスルーエ憲法裁判所の権力と領邦君主の影響力が強いので、私には譲歩できる政治権力の余裕がない」と大まじめに説明したのである。サルコジは、メルケルの言った「ドイツ首相は、残念ながらフランス大統領のように強力ではないのです」というお世辞に丸めこまれてしまった。フランスの元農水大臣ブルーノ・ル・メールが語ったところでは、サルコジはこのフレーズを側近に誇らしげに伝えたそうである——そしてその際に、押さえ込まれたのは自分のほうだということに全く気づいていなかったという。小難しく考えないメルケルのやり方は、太陽王の時代から続く名誉欲を持つフランス大統領には、政治権力の弱さと思われたのである。

作家のバーナーは、「ポジションそのものが重要であり、ポジションに結びつく肩書や役得、快適さは関係ない」とコール元首相を評した。「権力を求める露骨さの中に、ある種の慎み深さが表れている」。

ここでメルケルに注がれる眼差しのことを何も付言する必要はないだろう。権力の純粋なエッセンスに集中することが、メルケル首相のように終始一貫して徹底されたことはほとんどなかった。もしメルケルが、まるで分子レベルで料理するかのように権力を純粋なエッセンスに凝縮するなら、実質は何も残らない。だからコールは、今日、確信犯的な保守主義者とみなされている。保守的な本質は政策に表れたのではなく、コールの気質と態度によって体現されたのである。

コール元首相の場合、党利党略において常に「友敵関係」を考えた。それは自分自身の権力保持を生死にかかわる問題とみなすものだった。コールにとっては、あの「社会主義者の奴ら（SPD支持者）」は、いつも〝イデオロギー嫌い〟のもとだった。コールの目には社会主義者はプラグマティックな柔軟性がなく、国の繁栄のためと言っては政府に要求する。

メルケルが、コールのように自分の地位を確信したのは、ヨーロッパ危機を経てからのことである。赤緑との連立可能性に目がくらんだからではなく、自分の部下の仕事能力が、ヨーロッパという観点からは時折疑わしかったからである。

コールのあのプログラムされたかのような不確実性は、政治的には自分の孫世代であるメルケルに非難されたことで完成した。一九九八年、まだ在任中のコール首相について「もし彼が自分の心中をはっきり表明しない時は、それは早すぎる決定を賢明にも放棄しているということだ」とバーナーは書いた。「自分の党の要求をできるだけ多く文章にし、できるだけ多く達成することを望む」。

コールは、すべてを流れの中に置いて問題を拡散させつつ解決の切り札を育てていった。それにより期待に裏切られなかった。コールは期待というものを全く持たなかったのである。「コールの望みに逆らうことができる者はいなかった」とバーナーは書いた。「というのは、コールは、〝望み〟を、他人が否定できる文では言わなかったからである」。たとえば東西ドイツ再統一の際の経済政策的な措置のような基本的政策決定の時でも楽しげだった。「ルートヴィヒ・エアハルト財団（保守系）に完全に賛成することと、それが政治的に正しいかどうかは別の問題です」。

左翼の首相は、そういう政策上の無頓着さはたいてい苦手だった。前首相ゲルハルト・シュレーダーは、自分の政治的支配権を認めるため常に新しいキャッチフレーズを考えた――赤緑時代初期の「新・中道」から末期の「アジェンダ二〇〇〇」に至るまで。もちろんシュレーダーは、ときおりコール風の「何もしないまま動かない」も真似た。それを必要なものと考え、「冷静な手による政治」と高すぎる評価を与えたのである。そのためすぐに効果を失ってしまった――つまり五〇〇年前のイタリアのフィレンツェ、ニコロ・マキアベリの時代にとっくに言われていたように、権力政治的なトリックについて公然とほらを吹く者は、良い人間ではないのである。

大統領人事の意味

権力政治の作戦行動には、自己を律する厳しさが要求される。というのは、短期的な視点がしばしば失われるからである。それはとりわけ連邦大統領選挙にいえる。ドイツの大統領の地位は外見上輝かしいが、政治中枢における実権はそれほどでもない。公務の美学はあるが権力の論理とはあまり一致しないので、大統領選挙は首相の行う決定の中では最も感謝されないものである。連邦会議（連邦参議院議員および同数の州議会議員からなる大統領選挙機関）が召集されると、ほとんど毎回、非常に気まずい雰囲気が流れる。

一九五九年、コンラート・アデナウアーは、うっとうしい経済大臣ルートヴィヒ・エアハルトを誉めあげたうえでハンマーシュミットにあるエアハルトの別荘に厄介払いをした。それからアデナウアーはゲームを始め、当時の農業大臣ハインリヒ・リュプケを間に合わせの人事であると言った。

バーナーによれば、コールも「大統領選挙の偉大な参加者にもかかわらず不幸」だった。一九六九年の選挙前、コールはリヒャルト・フォン・ヴァイツゼッカーを必要としたのに実現できず、五年後、社会自由主義的な副首相ヴァルター・シェールの対抗馬に彼を立て、空しい戦いに送った。一九七九年と一九八四年には、カール・カーステンス、最後にはまたヴァイツゼッカーを候補者にした。それは一九九四年、ザクセン出身のシュテッフェン・ハイトマンに悩まされ、すぐにローマン・ヘルツォークに替える前のことだった。

コールの見込み違いと比較するならば、メルケルは駆け引きが達者なようである。二〇〇四年、当時のＩＭＦ専務理事ホルスト・ケーラーを黒黄側の候補にし、二〇一〇年には、彼女に対立したクリスティアン・ヴルフをシュロッス・ベルビュー大統領府に送り込んだ。両方とも在任期間が終わるのを待たずにいなくなり、メルケルの権力システムは、短期的にはぐらついた。だが長期的に考えるなら、それは驚くほどの脅威ではなかったのである。それでもメルケルがヴルフの退陣後も手続きを堅持したのには驚かされた。彼女は再度うまく操って政治に野心を持つ憲法裁判所裁判官アンドレアス・フォスクーレを大統領府に送り込んだ。

市民運動家出のヨアヒム・ガウクは、野党側の候補者だった。だからすでにメルケルは、彼を政治的には必要としていなかった。それ以上の動機は推測するしかないが、メルケルには、緑の党に彼が合わないとわかったのだろうか？　今回もまたシュロッス・ベルビュー大統領府で失敗したら責任を負えないので候補者を押しつけたのだろうか？

国民が新しい連邦大統領に満足することは社会的幸福感に寄与し、ドイツ人と、かつてはあれほどよそ者に感じたメルケル首相との間に「調和のひととき」を生み出した、と二〇一二年の春にジャーナリストのベルント・ウルリヒは書いた。

「変容主義」

自からの政治力を権力政治の核心に集中させるメルケルの能力を見た者は、驚くと同時に嫌悪感をも抱いた。「女性物理学者アンゲラ・メルケルは、国内随一のゲーム理論家だと思う。この観点では彼女に助言はもはや必要ない」と文筆家フランク・シルマッハーは言った。彼は、現代に支配的な思考パターンに関するゲーム理論について、若いころベストセラーを書いた。「アンゲラ・メルケルは、コミュニケーションの現代において、沈黙と身ぶり、そして衣裳のコードによって統治している」。

政治学者ヨアヒム・ラシュケも同じ意味で言った。メルケルは「政治家のニュータイプであり、目的を持っていないにもかかわらず戦略的に考える」。戦争と同様にチェスの対戦相手を捉える比類のない視点があるという。

シルマッハーとラシュケによるメルケル首相の政治スタイルの分析は正しい。ただ問題は、初期のメルケルもそうだったのか、そして、メルケルのように時代の潮流にひたすら従うのは、歴史的に偉大な人物の証拠なのかということだ。

ドイツ帝国を築いたオットー・フォン・ビスマルクは、時の流れに逆らうことはできないとわかっていた。だから彼は時代の最先端に陣取ったのである。国民国家を阻止できなかったので、むしろ自分で帝国議会を創設し、普通選挙法を施行した。自由主義は、小市民のエリートにだけ支持されていたのでビスマルクに潰されてしまった。

友敵関係の図式において考えたビスマルクや、滅ぼすべき敵について語ったシュレーダーとは異なり、メルケルは政治的な変容主義を完全に身につけたようだ。変容主義とは、第一次世界大戦前のイタリアで生まれた概念である。当時、自由主義的な首相ジョヴァンニ・ジョリッティは、内政を固め、国を近代化し、いたるところで同盟相手を求めた。周囲の市民的な環境でも、首相の地位を与えた社会主義的な党の一部でも、その定見のなさは憤慨の対象だった。政治路線に忠実な者にとって、首相の無定見は政治的な堕落だった。皆に敵視されたにもかかわらず、ジョリッティは一〇年間も統治を続けた。イタリア人には幸福な年月だった。この時代には、以前は完全に農業国だったイタリアが工業生産力を上げ、他国に比した遅れを挽回したのだった。

しかし、歴史家の多くは、それ以来イタリア人が政治的なオポチュニズム（日和見主義）という病気から回復できず、その原因はジョリッティにあると考えている。

政治的オポチュニズムとは、本質的な権力構造を保持するために、常に表面的な変化を受け入れ、信念よりも戦術的な有用性を優先することである。かつて大成功を収めた首相の変容主義には、まもなくファシズムの嵐に崩壊する政党制の弱点がひそんでいる。そこから登場した独裁者ムッソリーニを追い払うには、第二次世界大戦の敗北がイタリアに必要だった。

メルケルをめぐる変容主義は、政党制の弱点に由来し、政党制の弱点のためにその変容主義はさらに強化される。

もし全政党が、疑わしいＣＤＵ党首であっても首相に選出するなら、その時なぜＣＤＵを選ぶのか合理的な理由はない。さまざまな連立パートナーに見るメルケルの連立形成能力は、権力政治における最大の資産である。それは、他の政党がメルケルに対抗し同盟しないかぎり機能する。

第10章　ドイツをＥＵの盟主に押し上げる

ラテンアメリカ・ＥＵサミット

南米チリの首都サンティアゴ、その北端に位置する国際会議場に、六〇もの国々から大勢の政治家が訪れた。一同は、集合写真の撮影のため、戸外の夏の日差しの中に出た。女性も含めた大半は、黒か紺のスーツを着用していた。だが、最前列に立っている女性は、オレンジのジャケットに明るい色のパンツスタイルだった。南米で最大の国ブラジルとアルゼンチンの大統領がその両側に立ち、まるでその女性が、この首脳会合で最も重要な人物であるかのように見えた。その人はもちろんアンゲラ・メルケル――ドイツの首相である。

プロトコル（外交儀礼）の規則によれば、本来彼女の位置はそこではない。ドイツ首相は国家元首ではないからである。アルゼンチン大統領クリスティーナ・キルヒネルは、会議でいつもメルケルの隣に着席し、首相だから何だというのか、大統領と何か違うのかと尋ねさえした。

しかしドイツの首相が、集合写真最前列のその位置に立つよう配慮したのは、ホスト国チリの側である。それほどチリ人の誇らしい気持ちは抑えきれなかった。ヨーロッパにおける最も重要な女性が、この国を訪れ、最高度に政策を賞賛してくれたのである。ドイツ首相としては――当時はそれほど重要でもなかった――ヘルムート・コールが、チリを訪問して以来、二〇年も経っていた。現地の新聞はメルケルの写真でいっぱいになり、翌日、政権に近いメルキュリオ紙では一一枚も掲載した。そんなことは、かつてエーリヒ・ホーネッカー同志の未亡人の、現在サンティアゴに住んでいる写真がノイエス・ドイチュラント紙（旧東ドイツ時代から続くドイツの日刊紙）に掲載された時くらいだった。チリの大統領は、メルケルに「世界の偉大な指導者」とスペイン語で呼びかけ挨拶したのだが、連邦新聞情報庁は、「総統」を思わせる「指導者」ではなく「指導的な人物」、つまり「世界の偉大な指導的人物」と訳したのだった。

フランス大統領フランソワ・オランドは、自分では参加することなく首相を派遣し、イギリス首相デヴィッド・キャメロンも、大臣を送り込んだだけである。ひょっとしたら二人とも、ヨーロッパ人として二番手の待遇ならば、地球を半周する飛行機に乗りたくなかったのかもしれない。あるいはまた他にいろいろ用事があっただろうし、ドイツの首相のように内政が安泰でもなかっただろう。おそらく彼らがこの首脳会合に欠席しても、それほど目立たないこともわかっていたのだろう。

メルケルの場合はそうではない。ラテンアメリカ諸国（及びカリブ海諸国）共同体と欧州共同体との初の首脳会合に、もしヨーロッパ大陸の舵を取る女性政治家が欠席なら、主催国に対する侮辱と思われたかもしれない。そうなったらこの大規模な催し全体が無駄になってしまう。わざわざヨーロッパのマドリッドから訪れたスペイン首相は、むろんラテンアメリカのスペイン語圏で昔から重要な役割を占めているが、メルケルの記事のせいで、チリの新聞の内政面に押し込まれてしまった。

皆がメルケルとの会談を望んでいた。メルケルは、ラテンアメリカ四大国――メキシコ及びコロンビアの大統領、それからブラジル及びアルゼンチンの首相――それぞれのために三〇分ずつ予定した。その他の首脳会談、とりわけヨーロッパの首脳クラスは、短い休憩時間に一〇分の予定だった。タイトなスケジュールは、アドバイザーの指示に従いあらかじめ組まれていた。メルケルは、さらにリトアニア代表とも会見する――側近が「ドンブロフスキ」とうっかり言った時、「違います、ドンブロフスキはラトヴィアよ」とメルケルのほうが正確に知っていた。メルケルは、この地に集まった政治家のほとんど全員に一度は会ったことがある。七年以上の首相経験のあるメルケルは、このサミットで最も経験豊富な一人である。ヨーロッパの政治家は、ブリュッセルで交渉したばかりなので、たった五分の会談で充分だった。

望まぬ責任

「実際のところ、ヨーロッパの権力の中心に位置するのは、アンゲラ・メルケルだ」と二〇一一年の年末、G20カンヌ・サミットが混乱しつつも終結した際に、ジャーナリストのニールス・ミンクマールは書いていた。メルケル自ら望んだわけではなかったが、ドイツは、EUにおいてずっと指導的な役割を果たしていた。西ヨーロッパで経済的に最強の国であるドイツ連邦共和国が、それに伴う責任のほうは全く引き受けない幸福な時代は終わった。かつての首都ボンの政治家たちは、ヨーロッパ政治ではフランスの背後に隠れ、軍事的ストラテジーとなればアメリカ合衆国の影に身をひそめていた。

一九九〇年以降、ドイツの影響力が増大するに伴って、国内外を問わずそれを抑止する動きがあった。当初は、東西ドイツ再統一にかかる巨額の費用の負担により、ドイツは経済的優等生ではなくなるという予測が支配的だった。成功のモデル国ドイツという信仰は消え、失業率が増大し、国家債務が増大し、社会保障は低下した。ドイツの教育システムは能率的で、社会の発展に寄与するという説も国際的な比較調査により否定された。ドイツの衰退が報道され、ドイツ人は冷静に同意した。

一九九〇年代、ドイツの公的資金はとりわけ東側に投入された。その一方で、西ドイツではインフラが老朽化した。フランスやスペイン、そしてもちろんイタリアでも、ほとんど同時期に高速鉄道網が敷設された。ドイツの新しい手本は、オランダの社会改革やフランスの保育所、イギリスにおける「ニュー・レイバー」（一九九七年以降の英労働党による改革スローガン）思想だった。国の内外を問わず「ドイツはヨーロッパの病人だ」という意見で一致していた。

二〇〇五年、アンゲラ・メルケルがどのような状況で政権を獲得したかを忘れてはならない。当時の連邦大統領ホルスト・ケーラーは、議会の早すぎる解散を正当化するため、ドイツの破滅的な状況について、目を大きく見開き語った――「我々は老いていく」。

しかし、結果的には、二つに分割された領土の統合により、グローバリゼーションの寒風をドイツが実感したのは幸運だった。のちにユーロ危機諸国が必要としたきわめて厳しい改革を、ドイツは早い時点で実行せざるを得なかった。そのうえ政治と経済における複雑なシステムのおかげで、早まった決定による急激な変化を免れた。その年代には、イギリスでは国内産業が解体され、スペインでは、無意味な部分さえあったインフラ・プロジェクトに莫大な額を投入してしまった。ドイツでは、経営協議委員会（従業員側を代表する委員会）との交渉や、行政裁判所の訴訟、ドイツ連邦議会と連邦参議院の両院協議会などのために、各方面の歩み寄りが成功した。

そのうえヨーロッパ共通通貨の導入は、ドイツを囲い込む手段としてフランス大統領ミッテランが考えたのだが、目論見とは反対の効果が現れた。共通通貨の圏内では、経済的能力の高い地域が有利という例は、歴史上に数多くみられる。一九世紀イタリアの南北統一は、自ら南部の経済的転落を引き起こし、一九九〇年の東西ドイツ統一での通貨連合は、東ドイツの重工業に引導を渡した。ドイツの経済的成功の予言は、ユーロ危機において完全に成就した。ドイツの巨額の負債にもかかわらず、各国から資金が安全を求めて流入し、財務大臣は実際には利子を払わずに済んだ。

「ドイツは弱くなった」とかつて言い聞かされた時と同じように、新しい自分の強さをドイツ人は今度も平静に受け止めた。自国の生活環境の有利さに全く気づかなかったドイツ人もいた。たとえばドイツ以外のヨーロッパ各国が深刻な危機に陥った時も、ドイツ国内の世論調査においては、雇用に関する不安が諸外国よりずっと大きかった。だからドイツ人は、ヨーロッパと世界においてドイツが新しいポジションと責任を課されているのを意識していなかった。

メルケルは、彼女らしいやり方でドイツ人を新しい現実に結びつけた。「メルケルはこの責任を望んではいなかったが引き受けた」とメルケルの伝記をフランスで出版したジャン＝ポール・ピカペールは書いた。それはユーロ危機との関連では正しい。しかしそれ以上に首相就任以来のメルケルは、ドイツの対外政策の全体を、完全に意図的に新しい方向性へ導いたのである。

歴史家ハンス＝ウルリヒ・ヴェーラーは、二〇〇五年、終わりを迎えた赤緑政権のゲルハルト・シュレーダー首相退任に際し、内政面の改革アジェンダはほぼ正しかったとはいえ、外交では、自分一人で決断を下したゆえに過ちも多かったと述べた。この評価は、シュレーダーがイラク戦争にノーと言ったことを讃える一方で、ドイツ社会を不名誉にも「リストラ」したアジェンダだったとみなす国内の大半の意見とははなはだしく矛盾する。

シュレーダーの後継者であるメルケルは、当初はむしろ歴史家ヴェーラー寄りの解釈だった。メルケルの外交政策は、シュレーダーが割ってしまったものを元通りに修復するようにみえた。メルケルは、アメリカ大統領ジョージ・Ｗ・ブッシュに接近し、シュレーダーの友、ロシアと中国には距離を置いたので、大連立政権の外務大臣フランク・ヴァルター・シュタインマイアーと時に摩擦が生じた。

メルケルはヨーロッパ政策でも修復路線を取った。この方面のシュレーダーとフィッシャーは、ヨーロッパ憲法協定というヴィジョンが挫折し、ささやかなリスボン協定で我慢しなければならなかった。加えて共通通貨の構造的な不足というコールの遺産もあった。

世界規模の財政危機が、ヨーロッパ共通通貨ユーロの危機に変じて以来、従来型モデルはもはや通用しなくなった。二〇一一年一一月、「今の時代に、ドイツが周辺国を支配することより恐ろしいのは、ドイツが何もしないことのほうだ」とヨーロッパの多くの人々の思いを言葉にしたのはポーランド外相ラドスラフ・シコルスキである。よりによってポーランド人が、このような考えをこれほど的確に表したために、ドイツの指導的役割を歓迎する声はいっそう高まった。この時点のメルケルは、翌年以降に推進すべき通貨連盟に関し、まだ明言を避けていた。EUの将来は、主としてドイツの行動にかかっていることは明らかだった。それなのにドイツ人は、未だにその認識を持っていなかった。メルケルのあいまいさによってドイツ人の心情が対外的に表現されていた。

コンスタンツ大学教授クリストフ・シェーンベルガーは、この現象を「望まざるヘゲモニー（支配）」と表現した。その結果、一部には怒りの反論を引き起こし、外交上のこの問題を不十分な形でドイツの一般大衆に知らしめた。こういうドイツの一般大衆のことを、政治学者ヘルフリート・ミュンクラーは「政治的マナーを知らない国民」とかつて言った。

ヨーロッパに中心的な権力がないために、最大のEU加盟国ドイツにヘゲモニー的役割が強いられている。ドイツ国内では、たとえばノルトライン＝ヴェストファーレン州首相がドイツ政治全体に責任を持つべきとは誰も考えない――というのもまさにそのために首相がいるのだから。かつてメルケルのスポークスマンを務め、現在はバイエルン放送局支配人のウルリヒ・

ヴィルヘルムは、ブリュッセル（ＥＵ本部）の地位強化に賛成した。そうすればヨーロッパの教師や経理担当の役割をドイツ人が担うという、考えてもいなかった事態から逃げられるだろうとヴィルヘルムは考えた。それは、ぐずぐずしているかつての女上司メルケルに対する批判でもあっただろう。

現在の欧州共同体（ＥＵ）を構造的に見るなら、一八七一年に成立した初めての国民国家ドイツの姿に確かに似ている。国民国家は、どのみち緩やかに成長してゆく。全土に共通する民法（ドイツ民法典）が施行されたのは、三〇年後（一九〇〇年）のことである。第一次世界大戦が終結し、君主が退位した後ようやく鉄道網の統合は実現した。ドイツの中でもとりわけ強力なプロイセンは、自国の持つヘゲモニー的地位を、きわめて慎重に扱った。連邦参議院では少数派も満足させ、厄介なバイエルン人に財政援助を与えて新しい政治的共同体への参加を促し、赤字財政で有名なヴァルデック＝ピルモント侯国（ドイツ中部に存在した侯国）のような小国の収支を合わせた。ヘゲモニーの実際は、法律家シェーンベルガーが書いた「意識的な自己抑制」を前提にしていた。

メルケルの中途半端なヘゲモニーによって、ドイツ人はヨーロッパに対する大きな責任を課せられることになった。鉄のカーテンが消失し、東西ドイツが再統一され、東欧や中欧への扉が開いたからこそ、ユーロはドイツ人の地位を強化した。共通通貨からの脱退をドイツの政治家のトップがどれほど真剣に望んでも、それでは何も解決されない。ヨーロッパの他の国々は、むろん積極的な行動には責任を伴うが、何もしないからといってドイツのように批判されることはない。ドイツには何もしないという選択肢がないのである。

メルケルは、ヨーロッパの債務危機諸国を好きではないという印象がドイツ国内にはあるが、これはメルケルの選挙のためのアピールにとってまさに好都合である。ギリシャやポルトガルがメルケル首相に抗議するなら、ドイツ国内では、メルケルがドイツの税金を固く守って彼らに渡さなかったという証明になる。それには危機の諸国におけるメルケルの好感度が低い方が望ましい——近付いて良く見るなら全くそうではないとしても。

二〇一二年のアメリカのピュー研究所（ワシントン所在のシンクタンク）による全ヨーロッパ的な調査によれば、メルケルは、ほとんどの国で自国の首相よりも人気がある。たとえばスペインでは、国民の六三％がメルケルに対し好印象を持っている。その一方でスペイン首相マリアーノ・ラホイは四五％である。当時はまだフレッシュな印象を与えていたイタリアのマリオ・モンティ首相は四八％で、ベルリンにいるメルケルの五五％に遅れを取っていた。しかしそれはメルケルへの讃辞というよりも、むしろ自国の政治階級に対する不信票を示している。そのうえ二〇一三年五月の新規調査では、その数値は明らかに下降した。

二〇一二年秋、メルケル首相のポルトガル訪問時には、とりわけメディアによるカリカチュア（戯画化）は極端だった。というのもポルトガル首相ペドロ・パッソス・コエーリョが、メルケルを迎えた場所は城塞だったので、メルケルの思惑どおりに「ドイツ首相はポルトガル側の抗議に攻め立てられた」と同行記者たちは報じた。実際には、メルケルに対する抗議活動は会談の場所からずっと離れたリスボンで、一〇〇人にも満たないわずかな人数だった。だがこの事実は目立たないようごく小さく報じられただけだった。

ユーロ危機ではいつもそうだが、この問題でもギリシャは大きな例外である。メルケルが自国の指導者よりも好まれていないのは、バルカン半島に位置するギリシャだけだ。ピュー研究所の数字によるとドイツの首相を支持する声はたった一四％だった。それに対しギリシャの首都アテネにいる首相アントニス・サマラスは、三二％の国民に支持されている。メルケルへのギリシャ国民からの支持率は、国際的な比較では少ないことで際立っている。また調査では、ギリシャ人の七八％はドイツにネガティヴな印象を持っており、ヨーロッパ大陸全体の大きな例外である。

メルケルの西側旅行

もしアンゲラ・メルケルが西ドイツで成長したのだったら、学校のエクスチェンジプログラムでフランスに行ったり、少年少女合唱団のコンサートツアーでイタリアを訪れたりしただろう。一九八〇年代まで、西ドイツや南ドイツのアカデミックな環境の人々には、美味しい食事と趣味の良さ、温かな礼儀作法と芸術に満ちた憧れの国がそうしたヨーロッパの国々だった。固いカシの木で作られた収納家具や、夕食にレバーヴルストを食するといった当時のドイツの日常生活とは全く違う生活様式だった。戦後第二世代、そして第三世代の西ドイツの人々には、イタリアの避暑地アブルッツォのような小さな町の大自然の中での暮らしぶり――家の中でテレビの前にじっと座っていないで、夜も戸外で過ごす生活――に強い憧憬を持っていた。

東西を隔てる壁が崩壊し、ようやく東ドイツを訪れた西ドイツの人々は、憧れの東ドイツについて何も知らなかったことに気づいて驚いた。当時、著名なジャーナリストのエーリッヒ・ベームがベルリナー・ツァイトゥング紙を引き継いで、フランスのペリゴール地方にある自分の別荘から空疎な熱弁をふるった時にも、とくに批判もされずに、編集部はそれを無責任に広めていった。

西ドイツの人々には、国を脱出するための鍵がヨーロッパだったのであり、旅行ブームはドイツの歴史が投げかける暗い影からの逃避でもあった。「西ドイツはポスト・ナショナルな民主主義である」と知的なエリート層は言った。かつてナショナリストが占めていた位置に、ボン基本法を誇りに思う憲法愛国主義者が代わりに登場した。

メルケル首相の故郷である東ドイツは、そういった夢の国とは違う異質で魅力のない国で、バカンスの候補地ではなかった。若者が西ベルリンを訪れ、そこに東ドイツの都市名に由来する「ハレッシェスウーファー」や「コトブッサートーア」という街路表示を見つけても、歴史的場所のレファレンスと思うだけで、実際に存在する都市のことは考えなかった。当時の東ドイツに入国し、東ドイツ国内をドライブしたごくわずかな人々も、国防軍の制服や警察官のプロイセン風の話し方、街に残る戦争で破壊された建物を眺め、失われた故郷だと思い、克服されるべき過去のドイツだと考えただけだった。かつて西ドイツメディアの一部は、こういうドイツ民主主義共和国（ＤＤＲ）を、過剰なばら色のイメージで描いたものだったが、それは社会主義をひいきにしていたからというよりも、むしろ良心の呵責のためだっただろう。つまり東ドイツに住んでいる兄弟や姉妹を――西側社会に続く独自のポスト・ナショナルな道の途上にいるのだが――できるだけ早く忘れられるような言いわけが必要だったのである。

当時は物理学者だったアンゲラ・メルケルもまた、八〇年代には西側を夢見ていた。西側といってもフランスやイタリアではない。メルケルの目は、一九八六年に初めて訪問した西ドイツに向いていた。西側からテレビ放送があったのでよく知っているつもりだったが、初の訪問はやはり驚くべき異質な経験だった。旅行の理由は、ハンブルクに住む従妹の結婚式である。メルケルは、さらにカールスルーエやコンスタンに住む同僚たちも訪問した。その旅行中、ボーデン湖に至った時だった。暗黒の資本主義帝国をただ一人旅行する女性がホテルを予約できるかどうか、そして貴重な西ドイツマルクの紙幣を使ってしまっていいのかどうか、メルケルは真剣に悩んだ。とうとう彼女はそれを実行し、生き延びることができた。メルケルは後に「西側社会というモデルは、ドイツにとって代案にならないと旅行ではっきりわかった」と語った。

アメリカ合衆国への旅行も、メルケルの夢だった。しかし、旧東ドイツの旅行に関する法規によれば、それは年金生活者になるまで不可能だったので、まずは英語という言葉を学ぶことでその気持ちを満足させた。メルケルは、わざわざ朝早く、東ベルリンのシェーンホイザーアリー駅に行った。「運が良ければ、その駅でイギリスの共産党系の新聞『モーニングスター』がたった三部販売されるうちの一部を入手できました」。

その英字新聞に頼りつつ、なんとか彼女は英語を自力で学んだ。やがてその新聞は廃刊になった。若き女性物理学者だったメルケルは、アメリカの市民運動賛歌の一節が、その新聞紙上に「もし私がハンマーを持っていたら」と印刷されていたのを覚えている。

ベルリンの壁の崩壊後、初めてメルケルが行った外国旅行は、カリフォルニアのサンディエゴだった。一九九〇年から九一年にかけて、夫のヨアヒム・ザウアーは、サンディエゴの化学工業に関連するソフトウェア開発会社で働いていた。

「一九九〇年、人生で初めて、夫と私はアメリカのカリフォルニアに旅行しました」とメルケルは二〇〇九年にアメリカ議会で演説した。「初めて、大西洋を目にした時を忘れることができません」。

そのようなアメリカを横断する大旅行は、今となっては定年してからやっと可能になるだろう。かつては旧東ドイツの国境政策が彼女を制限したように、今では国務が旅行の自由を制限しているのだ。残念ながら首相として彼女は、それほど遠くまた長期間ヨーロッパを離れることはできない。そのうえ常に確認すべき緊密な連絡を困難にする時差の問題がある。重要なのは信頼関係である。メルケルは、いつもどおり月曜の議会と火曜の委員会に出席するためベルリンに戻るよう、公式の外遊の際にも配慮する。ものごとに安心しすぎず、そう簡単に信用しないというのが、政治家アンゲラ・メルケルの成功レシピの一つである。

メルケルの若い頃の思い出には、西ヨーロッパのことは残っていない。メルケルは、ヨーロッパ政治をひとつひとつ身につけていった。環境大臣の時、ブリュッセルでの振舞い方を徹底的に学んだ。当時環境政策分野でメルケルはすでにヨーロッパ的だった。ＣＤＵ党首の時には、ＥＵ統合の推進者であるリベラル左派のギー・ヴェルホフスタット（ベルギー）が欧州委員会委員長に選出されるのを、欧州人民党（欧州議会の中道右派の政治会派）を通して防いだ。代わりに保守派のジョゼ・マニュエル・バローゾ（ポルトガル）を欧州委員会委員長にねじこんだ。だがユーロ危機の際の彼の働きぶりにはあまり満足していなかった。メルケル就任後の数週間で、ＥＵ財政に関する議論は、合意のうえで解決された。当時はまだ、ドイツの財政的な貢献というコール式のヨーロッパ政治の伝統的なやり方だった。

そういった形でブリュッセルの平土間席に登場した彼女は、時間の経過とともに今日では最も尊敬される女性政治家となった。尊敬されるのは、単にその権力だけではなく、とりわけメルケルの持つ詳細な専門知識のためである。ヨーロッパ問題に関するバックグラウンド・ブリーフィングではそれが非常によくわかる。メルケルは、少なくとも当該分野の担当官僚と同じくらいの知識がある。遠大な展望を論じる談話を期待する記者は、これに少し失望するかもしれない。

欧州連合の盟主として

二〇一三年一月、独仏友好五〇周年記念式典に際し、メルケルはフランスの首脳をベルリンに迎えた。ヘルムート・コールだったら、どんな華々しいスペクタクルを仕掛けたことだろう? コールの後継者メルケルは、ドイツとフランスの学生グループと対話した。フランス大統領フランソワ・オランドも同席した。ドイツ首相がフランス大統領に公的な場で親しい呼びかけを用いたのは、この時が初めてだった。その一時間半というものは、オランド大統領も、ヨーロッパ政治におけるドイツとの対決姿勢をほとんど示さなかった。「若年層の失業問題に対する全ヨーロッパ的なプログラムを税制上支援するのが最も良いだろう。そもそもその共同予算は、概算ではヨーロッパの国民総生産の一％より少ない」と彼は言った。

メルケルは、その対話の最後に、素っ気ない調子で驚くべきことを言った――「フランス語ができなくて残念です」と。今、仕事上するべきことがあまりに多く、フランス語を学ぶ時間的な余裕がないと。「フランス語ができて初めてフランスを理解できる、と思っています」とも言った。それは、そこにいた若者たちに隣の国の言葉を学ぶようにと勧めただけだったのか？　それとも、フランス人というものは、結局のところ異質であると言いたかったのか？　いずれにせよ、全体的には理性的でビジネスライクだったエリゼ条約（独仏協力条約。一九六三年制定）五〇周年記念式典の関連行事での発言だった。

官邸の「円形劇場」で、あまり座り心地の良くない椅子に座ったメルケルとフランス大統領オランドの雰囲気は、その発言で至って気楽なものになった。フランス大統領は、こんなに広々とした会場は、フランスの豪華なエリゼ宮にもないだろうと、いくらか不器用な冗談を言った。ベルリンとパリの両政権が、諸々の利害関係を完全にオープンに言明したのも納得できよう。二〇一二年一一月のＥＵ評議会で、メルケルは「我々が今ここで、このように真剣に議論できるということが、ヨーロッパがすでに内政であるということを示している」と言った。メルケルは同様の言い回しを繰り返し用いている。だからこそメルケルは、オランドの前任者ニコラス・サルコジの選挙戦では応援演説さえおこなった。だがこれはライン川の向こう岸（フランス）ではそれほど良いことではなかったらしく、選挙直前にはサルコジに応援を断られてしまった。

それでも「ヨーロッパの内政」というメルケルの言葉は、強い権力の統一国家を目指し、ドイツが努力するという意味ではない。さまざまな問題を最終的に決断するのは、各国それぞれの政権の首長であるという現状に、メルケルは満足している。全員一致の原則は、ドイツが多数派の欲望に巻き込まれるのを防いでくれる。しかし、各国の利権が渦巻く中で本当に国益を守り得るのかどうか、メルケルはけっして注意を怠らない。メルケルは、欧州連合条約の変更を妨げる難しさをよく知る現実主義者である。彼女がその難しさを学んだのは、リスボン条約の際の複雑な交渉である。ヨーロッパ各国の現職の首長の中でそれを経験しているのは、おそらくメルケルただ一人である。

第11章　「危機の時代」に光るメルケルの統治力

政敵たちの憂き目

「数学」はアンゲラ・メルケルに不利である。たいていのドイツの首相は、選挙を二回乗り越えるとエネルギーを全て使い果たしてしまう。

これまで官邸では、ヘルムート・シュミットとゲルハルト・シュレーダーがそうだった。もしドイツ再統一がなかったら、ヘルムート・コールも同じだったろう。ひょっとしたら一九八九年のCDU党大会で敗北したかもしれないし、遅くとも一九九〇年の議会選挙で、若くダイナミックなオスカー・ラフォンテーヌに負けただろう。当時のラフォンテーヌは、経済通のプラグマティックな政治家だったのだから。

閣僚や地方自治体の首長には、もっと多くの例がある。ベルリン市長のクラウス・ヴォーヴェライトは、三期目にはかつての自分の影ぼうしになってしまった。ヘッセン州首相のローランド・コッホも、二期目にＳＰＤの新人候補に多数派を奪われ、ただ相手方のミスがあったので助かった。それからニーダーザクセン州首相クリスティアン・ヴルフは、ベルリンの大統領府に送られる運命からなんとか逃れようとしたが失敗した。

権力者が没落するには数々の理由がある。昔から争っていたライバルに勝ち、敵がいなくなると、今まで忠実だった部下たちが、政治的な腐敗に徐々に蝕まれることもある。ＣＤＵ党内のライバル、フリードリヒ・メルツやユルゲン・リュトガー、クリスティアン・ヴルフに加えてローランド・コッホ――コッホでさえも二〇〇二年のＣＤＵ党首候補者問題の時、メルケルに対し陰謀を企てたので、メルケルは、党内の談話で彼の名をうっかり「むかつく」と言い間違えた――との戦いで、メルケルは幸運に恵まれてもそれを口外しなかったのかもしれない。

過去を振り返って考えるなら、メルケルにとってこのうえなく好都合に物事の全てが運んだ。ＣＤＵ党内の敵によるあからさまな攻撃は、ＣＤＵのメルケル支持層やリベラルな市民層の連帯を強めるのに役立った。それから自負心の強い男たちは、虚栄心にとらわれ失敗した。古い過去にこだわり、東ドイツ出身の女性メルケルに反発し共謀する西ドイツの男性たちのような敵対者に囲まれているかぎり、歴史の論理や国民の共感といったものはすべてメルケルの味方につく。

メルケルが晴れて首相になり、昔の敵から遠く離れてからというもの、全く新しい状況が彼女に到来した。理由はいろいろだが、昔なじみの仲間の解任通知に署名しなければならない時もある。

早い時点から自己責任で行動したノルベルト・レットゲンは、ノルトライン＝ヴェストファーレン州の支配権を得ようとして失脚した。アネッテ・シャーヴァンはメルケルに常に忠実だったが、博士号を剥奪されて閣僚の地位も失った。シャーヴァンの辞任記者会見には、メルケルも登場して彼女への友情と尊敬を表明したが、それは首相として無私無欲の精神だったわけではない。レットゲン解任の際にみられた首相の冷酷さに、しばらく大衆が怯えてしまったので、この時の友情のジェスチャーによって忘れさせたのである。メルケルの人間らしいところを示したうえ、上司への無条件の忠誠は、政治的に失脚した後もなお効果があるという教訓も与えた。最後にウルズラ・フォン・デア・ライエンの例も挙げよう。彼女はまだ在任中であるが、二〇一〇年の大統領選でメルケルに利用されて以来、独自路線を歩んでいる。

もし状況が一歩違ったら、彼ら全員が団結しメルケルに反旗を翻したかもしれない――ちょうど一九八九年のヘルムート・コールがその憂き目にあったように。一九八九年、かつては党の刷新のためにコールとともに戦った同志たちが、首相に反対した。その年の九月、ハイナー・ガイスラー、ロタール・シュペート、そしてリタ・ズースムートが、ブレーメンの党大会で反乱を試みた。まさにその時始まりつつあった歴史的変革によって、コール首相がどんなに有利になるか、彼ら三人は計算に入れていなかった。周知のように、二カ月後のベルリンの壁崩壊後に、なおも彼らはシュピーゲル誌上で言った。「ドイツとヨーロッパの歴史的な転換期であるこの時代に、ヘルムート・コールの説得力はない」。

のちに統一ドイツの初代首相になったヘルムート・コールは、鉄のカーテン消失後の初期には、方向性の定まらない印象を与えた。それは、ユーロ危機及び財政危機の勃発直後のメルケルの印象と同じだった。彼の提案した「一〇項目プログラム」によって初めて、コールの絶対的な地位が確立したのである。

東西ドイツ再統一は、かつてのコール首相にとって大きな意味を持っていた。それはメルケルの場合のユーロ危機と同様である。これで首相は歴史的なオーラをまとい、その時ばかりは、政治生命の数学的法則――最大でも連続二回の再選――も失効したのである。

リーマンショックの果実

振り返れば、メルケルの最初の就任後、とくに批判を受けなかった三年間は、今となっては牧歌的な時代である。当時の観点からはそうではなかった。大連立政権を率いるメルケルは、二〇〇五年末のEU財政への対応と、二〇〇七年ハイリゲンダムのG8サミットで、国際的な平土間席に姿を現し、のちの危機管理者としての役割の基礎を築くことに成功した。内政では、のちのFDPとの経験後にもわかったように、この連立政権にメルケル側の陣営でもめごとが起きないわけがなかった。メルケル首相は、次の選挙までの四年間に四人のSPD党首と関わりを持ち、CDUの党内での彼女の立場は、現在のように盤石ではなかった。

全ては二〇〇八年の秋に変化した。二〇〇一年九月一一日のテロは、実際にはドイツを対象にしたものではなかったのに対し、アメリカのリーマン・ブラザーズの破綻は、それ以降のドイツをそれ以前とは全く異なるものに変えた歴史的転回点だった。この時、政治経済の決定権者の息は一瞬止まってしまった。ドイツの政財界は、西側資本主義体制の崩壊などありえないと思っていたからである。メルケルが財務大臣ペール・シュタインブリュックとともにテレビカメラの前でドイツ人の預貯金の安全を保証した時、やっとドイツ国民は、事態の深刻さに気づいた。メルケル首相は国民の注意を経済危機に向けたが、事態はメルケルの登場によって収拾しつつあるように見えた。官邸でのあの場面はたしかに政治的弁証法の偉大さを示していた。

金融危機が銀行にとどまらず、経済的に弱体なEU加盟国の財政面にも影響を及ぼすにつれて、メルケルの仕事はいっそう複雑になった。各国の立法手段ではもはや何もできず、国同士のルサンチマンの感情が再び沸き起こり、それぞれの国の政治的決定が及ぼす複雑な影響は計算不可能だった。

だがドイツ人は、またしても驚くほど落ち着いていた。もちろんその理由は、ドイツが経済危機に陥っていないからだけではなく、ある面では今回の危機から利益を得ていたからである。つまりドイツ国債の金利低下により利子の支払いが軽減し、ユーロ安によりドイツの輸出経済が回復し、さらに南ヨーロッパから若く質の高い移民がドイツに流入したのである。しかし通貨の下落への恐れは、容易にヒステリックな爆発「ジャーマン・アングスト」(英米圏から見てドイツ人に特有の集団的な不安感や恐怖感)になり得る。それはインフレのトラウマによってドイツ人に刻印されたものでもある。いい加減な財政支出によりこの通貨問題全体を引き起こしたギリシャに、ドイツのルサンチマンの感情が向かうまであとわずかかもしれない。今までも時折そうした事件が起こっていたが、従来は周辺的な現象に留まっていた。反ユーロを推進する新党「ドイツのための選択肢」(AfD)は、この本が出版されるまで(二〇一三年)、世論調査ではごくわずかな支持率である(訳者注:二〇一四年の欧州議会議員選挙では、七・四%、七議席を得た)。

それにはおそらく大きな抑圧もあっただろう。つまりドイツ人は、問題を正確に知ろうともしなかったし、専門家でも完全に見解の分かれる問題に、誰がわざわざそのために気分を害する必要があっただろうか。いつものように、調和を求めるドイツ人は、一度に多くを期待していた。もちろんユーロは維持しなければならない——今やユーロ建てでは、他でもない自分の預貯金が危険であるのに。それからあまりにギリシャが苦しむ——少なくとも彼らが健康を害するとか、住居に暖房がないのも無論良くない。それからこれも当然ではあるが、たとえばドイツ人の年金削減やオペラ座の閉鎖などを行わなければならないほど、ドイツが費用を負担するべきではない。こういった全てがメルケル首相一人に期待されていたのである。メルケルの側からは、ユーロ危機は容易に解決されないと常に言明されていたにもかかわらず。

ヨーロッパが最終的にどのように危機を克服するかで、後世の歴史書に書かれるメルケル像は変化する。もし共通通貨が崩壊すれば、歴史的にはメルケルの責任になるだろう。大きな破局を回避し、民主的で、少なくとも今日現在のレベルのヨーロッパ統合を保持できれば成功ということになる。そうこうするうちに経済危機は一定の期間続き、間近に迫る大破局という予測は外れたが、それでも現時点で完全な解決策は見つからない。

しかし早まってはならない。ドイツ帝国の経済恐慌は、次に好景気が訪れるまで二〇年間にもわたって影響したのである。さらに一九二九年以降の世界恐慌は、軍需産業と戦後の経済復興によって初めて克服されたのである。もしドイツが第二次世界大戦を起こさなかったら、経済発展がどうなっていたのかわからない。いずれにせよアメリカ合衆国は、一九三六年、ルーズヴェルト大統領が財政出動をやめた時、再びリセッション（景気後退）に陥ったのである。しかし政治的な枠組みにもたらした結果は異なる。経済的苦境にあっても、アメリカでは根本的に民主主義は無傷のままだった一方、ドイツでは独裁政治の道に滑り込んでしまった。このことが経済恐慌をめぐるドイツ的なトラウマの核心である。

アンゲラ・メルケルが首相であるかぎり、危機は選挙協力者のようなものである。この観点から考えるなら、二〇一三年三月、ドイツにおけるキプロス預金をめぐる論争も当てはまる。しばらく平穏な数カ月ののち、この件が再燃したおかげで、危機管理の首相としてメルケルが必要だとドイツ人に思い出させることができた。もしユーロを管理するメルケルの手腕がもはや不要なら、政治情勢は白紙に戻る。かつての感謝の気持ちが当てにならないのは、政治家同士はもちろんだが選挙の時も同様である。第二次世界大戦を乗り切った首相ウィンストン・チャーチルを、イギリス人が選挙で落選させたのは、ドイツの降伏を宣言する書類のインクが乾いてもいないうちだった。しかしイギリス人とは異なり、ドイツ人は、一九四五年以降に発展したドイツの安定に、むしろあまりに長い間忠誠を保つ傾向があった。一九六一年のアデナウアー再選は、一九九四年のコール再選と同様、未来に向けて信任されたというよりも、歴史的な功績が評価された結果だった。

「連立」の魔術師

国政においてメルケルが所有する最も大きな資産は、コールの時とは違い、CDU党内の動員力ではなく、連立政権によって他の支持層を取り込む能力である。SPD及び緑の党支持者の中でメルケル首相は、SPD側のタイトル挑戦者ペール・シュタインブリュックより人気がある。

メルケル首相の地位を保つ選挙の算術では、FDPと連帯して多数派を形成するのが最も確実だろう。そうすればCDUに対立する赤緑陣営が、多数派獲得のために左翼党かFDPを取り込むリスクを避けられる。リベラル派がどんなに政治上の柔軟体操を頑張っても、メルケルのように他党と組んで明確な多数派議席の形成はできなかった。

過去四年間の連立相手に対しフラストレーションはあったものの、メルケルはドイツ人の共感を失うことなくそうした布陣をコントロールできる。メルケルにとって最も幸運なことに、連邦参議院における黒黄陣営はもはや多数派ではなく、SPDがブロックしているという理由で、リベラル派の要望をメルケルの思い通りに断ることができた。だから大連立政権では本当に「すべてのドイツ人のためのメルケル首相」でいられたのである。しかし、もしそういった挙国一致の大連立政権が、FDPに加え各州の緑の党とも連帯するなら、たとえメルケルが彼らを操縦できるにしても、政治倫理や政策の実行において、一般市民の要求とは矛盾する拘束力が生まれる。

二〇〇五年から二〇〇九年の大連立政権は、後になって理想的な政権だったと思われるようになり、四年間の黒黄連立政権の次には、その新バージョンが望まれた。それはドイツ人の持つ期待感に大いに関係がある。CDUとSPDの共同歩調はあまり信用されていなかったので、その共演は、意外に調和があると感じられたのである。さらに連合とFDPは、世界観が違うにもかかわらず、「希望にぴったりの相手」――メルケルにとって便利という意味だった――になったので、やがては方向性が食い違うことが予測され、不和の深淵になるだろうと思われていた。大連立政権の摩擦を過小評価するべきではなく、二〇〇九年、メルケルと組んだSPDの支持率は、一〇%以上も低下した。つまりSPDは、メルケル首相にあやかり、世の中を操縦する賢い女性の後光を借りようとしたが、ほとんど効果はなかった。こういう布陣でも、連邦参議院では二大政党の連立パートナーには、FDPと緑の党が可能だろう。

したがって、ひょっとしてアンゲラ・メルケルが緑の党と連帯し、ドイツ人をまた驚かせるという仮説の論拠は、細部に至るまで説得力があるわけではない。メルケル首相自身の論によれば、そういう連立では参議院の同意が得られないという。おそらくそれは、緑の党だけではなく他の政党をも加えた大連立政権への願望を、ひそかに示唆するものと理解されよう。というのはこの論からすれば、黒黄政権の新バージョンは問題にならないからである。この種の連立に反応があるのはザクセン州やヘッセン州、バイエルン州だけだろうし、どのみち将来的な見通しははっきりしない。そういった政治的布陣には時間がかかりすぎるというのも確かだ――つまりお金では解決できないからである。結局のところドイツにおける政権は、関心の高い人間には遅すぎると感じられる時になってようやく実現する。

アンゲル・メルケルが前任者たちと違うのは、すでに二つの異なる連立パートナーとともにドイツを統治したことである。だから再度新しい組み合わせにトライする野心も容易に予測できる。現時点では双方が否定しているが、緑の党の指導部のかなりの部分は、ＣＤＵの女性党首の選挙後には、モラルに反するような提案が提出されることを予期している。従来であれば、これは拒否しなければならない主張である。緑の党との連帯を好都合なものにできるかどうかは、かねてからメルケルの重要なテーマである。とりわけ原子力発電所の稼働期間短縮はそれに見合う。

緑の党が税制政策に関与することにより、予想より操縦は簡単になるかもしれない。様々な歩み寄りの可能性があるこの分野では、メルケルの動く余地がまだまだある。それに黒赤や黒緑連立の場合と劇的に違うわけではないことも重要である。たとえば最高税率の引き上げを、低収入及び中程度の収入層における税負担の軽減と交換した一件によって、それぞれのコンビの両方が成功することができた。ちょうど緑の党が政策的にＳＰＤにかなり歩み寄ったので、メルケルは両方の政党（ＳＰＤと緑の党）に、連立交渉をもちかけられるだろう。

しかし、将来の政権においてありえるこの挑戦について、あまりに牧歌的なイメージを持ってはならない。ドイツ国家財政のハネムーン状態は、永遠に続くものではなく、実質的には無利子の借款と税収入や社会保障納入額の記録的な上昇のおかげである。いずれ新政権はもはや銀行救済やユーロの安定化のコストを財政負担することはできなくなるだろう。もしギリシャに対する債権国が、負債の整理統合を徐々に推進するため債権の一部を遅かれ早かれ放棄しなければならないとしても、それはそれだけのことである。

これに比較するなら、東西ドイツ再統一のコストは今なおそれほど多額ではない。しかし内政における不愉快な議論があるので、ひょっとしたら国民感情をごまかし、現実的には見返りがないのに、ドイツの財務大臣が税金で拠出された資金を外国に委ねてしまうのもないとはいえない。いずれにせよメルケルが経済危機から引き出した利益は徐々に減って行く。ヨーロッパ情勢が沈静化すれば、欧州大陸第一位の女性としてのメルケルの権力も危うくなり、平和主義が将来的に挫折すればそれもメルケルの責任になる。

サッチャーを超えるか？

メルケルの二期目の仕上げは、中間休止（詩歌における行の途中での休止や切れ目）だった。

彼女が一三年もの間CDU党首として、そのうち八年間は首相として、どんなにドイツに変化をもたらしたかを、絵巻物のように展開されるよう仕向けた。メルケルが大変革をもたらしたのは、おそらく国よりもCDUという党に対してだろう。古めかしくかび臭いものの象徴といつも言われたヘルムート・コールだったが、彼の一六年間の任期で、すでにドイツ連邦共和国は根本的に自由化されていた。それから赤緑政権がこの変化を法律にし、各党は激しい議論を戦わせた。さらに保守派と呼ばれる党――CDUによって初めて変化の総仕上げは可能になった。CDU党首メルケルは手始めに、ザールラント州首相ペーター・ミュラーを筆頭にする委員会の助けを借りて、党の方針を〝移民国ドイツ〟にふさわしいものに転換した。それからCDU党内の家庭観や女性観をアップデートするため、女性大臣ウルスラ・フォン・デア・ライエンを閣内に引き入れた。

メルケルは、それぞれの専門分野の主役を動員したので、彼らは身近で忠実な腹心の友というわけではなかったが、メルケルが個人的に攻撃されることはなくなった。それはメルケルの功績であることには変わりなく、とりわけ政治的アイデンティティにおいて起きた――あるいは同性愛者たちの結婚に関する論議のように今現在も進行中の――決定的な転換が、変わることもなかった。この観点からはメルケルが二選目の任期に実施した政策はそれほど重要ではない。兵役の義務や原子力エネルギー推進の方針を堅持するのが保守主義思想であるかぎり、思想史から見たメルケルの変化の理由はわからないだろう。

この大転換において、メルケル個人の貢献がどれほどのものだったかには議論がある。いわゆる「真の意図」を理解するべく、一体メルケルは当時何を望んでいたのかと議論される。しかし、政治においても人生においても事態はそう単純ではない。もちろんメルケルは、自ら率先しさまざまなものをリニューアルした。従来と違う主張を面白く思わない人もいただろうし、改革の過程でメルケルが党内の一部に憎まれた事実は、その明確な証拠である。けれども少なくともメルケルのような女性政治家が、保守的な大政党のトップの座に就き、最後には国全体を統治したのは、すでに社会が変化したということを表している。

メルケルは、ひたすら素のままの彼女自身で体当たりし、多くの問題を解決した。二〇一三年の春、イギリス元首相サッチャーが逝去した際、メルケルは「マーガレット・サッチャーは、女性政治家とは言えません」と語った。さらに続けて「それでもサッチャーは、それがまだ当たり前ではなかった時代に、民主主義政体における最高の地位を持つ女性として、彼女以降の大勢の人に手本を示しました」――さまざまな事情の違いはあるが、メルケル首相はこれを自分自身のこととして語ることもできよう。

ドイツ人は一般に、かつての西側世界のリベラル系左翼はとりわけそうだが、たいてい自信過剰である。いつも彼らは自己批判するたびに、自分たちが世界中で一番現代的で、偏見もなく寛容であり、平和な国民であるうえおまけに環境意識は高く、国家との関係は啓蒙的でリラックスしたものであり、物質への執着は捨て去っていると実際には自慢している。

こういう美点の列挙には、いくらかは生きるための嘘があったかもしれない。つまり、平均的なドイツ人はおそらく、環境問題を何も知らないイタリア人よりも、二酸化炭素排出問題への意識は高い。それからアメリカに比べれば、移民に対する偏見もまだましだろうし、ナチ時代に比較するなら、現在の国家との関係はリラックスしたものだろう。だから本当は、この国の経済力を示す国民総生産がどんなに大事なのかわかるのは、ドラマチックな経済破綻が起きた後のことなのかもしれない。

だが他の国の大まかなイメージや歴史上のドイツと比較するこういう議論は、全て相対的なものである。近年のドイツ人は、メルケルという首相を戴いたために――ドイツ人やアンゲラ・メルケルにどれほど批判があろうとも――世界中で驚かれ感心されている。

危機の時代の「統治性」

ドイツ国民と女性首相との関係には、八年間ものあいだ、あるパラドックスがあった。ドイツ人の多くは、東側の社会主義の中で育った女性が、ほぼ西ヨーロッパ的な社会（再統一後のドイツ）において政権のトップに就き、西側ヨーロッパの人々をあまりにのんきで自信過剰と捉えていることに賛成である。とりわけメルケルが、ナチの過去との関係から経済的成熟度、平和主義から原子力への恐怖感に至るまで、多くの点でドイツ人を信用していないことに、ドイツ人自身が同意しているのである。年月とともにメルケルはそれに順応し、自分が事実と考えても、国民には消化しやすい部分だけを提示した。メルケルという外国人のような首相は、弁証法的なアクロバットをしながら、とりわけ党内支持基盤以外の国民支持率において、ドイツ連邦共和国の創立以来、最も愛される首相にまで上り詰めたのである。

メルケルの持つプロテスタント的な実務性と諦念は、ドイツ人の心の奥深くに訴えかける。ドイツ人はそういう主義心情を、自分がいつも実践しているわけではないにしても、高く評価している。国内でも国外でもプロファイリング化の進行する世界において、ドイツ人にとってメルケルは、とりわけユーロ危機以降、唯一の思慮深く理性的な人間であり、ここでは自他ともに心が調和するようである。結局のところ、ドイツ人の求める調和は、メルケル首相と国民のあいだの関係性や、ものの見方において存在している。メルケルがドイツ人に抱く不信の念を、少なからぬドイツ人が分かち合うのももっともなのだ。メルケルが首相であり続けるなら、両者の関係はその点でさらに納得のいくものになるだろう。

事実上の挙国一致の連立政権をメルケルが樹立したので、ドイツの民主主義は失われてしまったのかという質問は、問題設定を誤っているようだ。政治思想や倫理という観点では、今ではほとんど残っていない旧式の政治闘争方針に、メルケル首相が回帰するのを誰も望んでいない。諸外国に比べプラグマティックなドイツ人は、やはりプラグマティックなメルケル首相とともに、それほど悪い方向には向かっていない。イタリアでは、シルヴィオ・ベルルスコーニの支持と反対をめぐっておよそ二〇年間も緊張が続いた。スペインでは、大衆が保守と社会主義とに分裂し、まるでかつての市民戦争をまだ続行したいかのようである。そしてフランスの政治階級は、現実の世の中での実際的な問題に開かれているとはとてもいえない。このような政治の分離という視点からは、合議制民主主義（スイスで行われる政党間の合議による議会運営）のドイツ版大連立は、よろしくないものと考えられる。だからメルケルの政治的権力が弱まったら、民主主義における権力交代のふりこの反動で、社会民主党系が登場するだろう。

メルケルのヨーロッパ政策に関する判決は、短いけれどもすでに言い渡されている。それはヨーロッパの最重要国であるドイツが、危機の中でも落ち着いて行動し、ヨーロッパ連合という偉大な理想を秘めつつ決してあきらめない、細やかなステップを踏む政治であり、これがメルケルのヨーロッパ政策の成果である。ヨーロッパ大陸は、明日にも通貨崩壊に脅えているだろうか？　それならまず、ギリシャの負債の詳細をじっくり検討し、ＥＵの銀行監督能力の正確性とともに把握することにしよう。そしてもしパニックに陥っている人がいるなら、我々はまず、来たるべき七年間のユーロ財政計画を作成しよう。

そのように歴史は動くのだと、物理学者のメルケルは、今や歴史家の如きコールと同様よく理解している。

周知のように、ドイツ初の民主主義体制が崩壊したのは、八〇年前に全てを解決する偉大さに憧れたからであって、見た目のよくない妥協のために小事を大切にしすぎたからではない。ヴァイマール共和国の終末期は、各政党が失業保険料に合意できなかったことに始まった。そしてあの一九三三年――ヒンデンブルク大統領周辺の反動的な黒幕（ヒトラー）の執拗な要請が、ぼろぼろの政党政治を延々苦しませるより、むしろ一撃で息の根を止めたことによってヴァイマール体制は終わった。あの時もっとプラグマティズムがあれば、危機の中でボヘミアの伍長（同じくヒトラー）なしに、もう二、三カ月耐えおおせたら、一年後の事態は全く違ったのかもしれない。直前のハインリヒ・ブリューニング首相（任期一九三〇～三二年）の政策の評価は定まっていないが、いずれにせよ経済回復の最初のシグナルはあった。そうなれば、ベルリンのヴィルヘルム通りの帝国官房に、ヒトラーが入ると大急ぎで宣告しても、国家社会主義者（ナチス）に対する国民の賛同は失われただろう。

ありがたいことに、こういった過去の全ては、今日、限りなく遠くにあるようだ。未来には、なおも幾つものショックが用意されているかもしれないが、歴史が終わることはない。欧州の流れゆく民主主義の下で、メルケルがドイツ人とともに成し遂げて来たことへの手向けとして、ドイツ語である美しいイタリアの言葉がある。それは、「ゴベルナビリタ（governabilita）」――でいう「統治性」である。危機の時代においてこの意味のもたらすものは大きい。

謝辞

何年もの間、政治家や専門家、自社や他社編集部の仲間たちと語り合った会話なしには、このような本は成立しなかった。私の友人や知人は、こんなテーマで新しいことを語るのはもう無理だと思っていたが、彼らのおかげで重要なヒントが得られた。私が深く考えずに発したコメントを、新しい道に導いてくれたのである。

それから、ここに名前を挙げることができず、またそれを望んでいない方々にも感謝したい。しかし特に強調したいのは、私がドイツ政治について集中的に執筆するのを可能にしてくれたフランクフルター・アルゲマイネ新聞日曜版編集部とターゲスツァイトゥング紙編集部への感謝の思いである。

この本のそれぞれの章は、私自身が執筆した過去の記事に基づいている。フランクフルター・アルゲマイネの編集責任者ホルガー・シュテルツナーに感謝する。さらにこの原稿を執筆するに当たり、そのために寛容にも六週間も時間をくれた、本来の上司であるライナー・ハンク（フランクフルター・アルゲマイネ日曜版編集長)、また今回の執筆期間中、私がいないために仕事の負担が増えた同僚たちにも感謝を伝えたい。スーザン・ライネマン、ゲオルク・レーヴィッシュ、それからウルリッヒ・シュルテは原稿をチェックし、誤りを指摘し、曖昧な箇所をクリアにしてくれた。

最後にクレット＝コッタ社の関係者全員に御礼申し上げる。とりわけトム・クラウスハールは、一緒に昼食を取りながら、この本のためにアイデアを発展させてくれた。さらに編集担当のテレサ・レーヴェ＝バーナーは、卓越した手腕と多大なる忍耐力でいつも助けてくれた。万一まだ大きな誤りや誤解があるなら、それは全て著者の責任によるものである。

ベルリン、二〇一三年五月二一日

訳者あとがき

本書は、Ralph Bollmann, Die Deutsche: Angela Merkel und wir. Klett-Cotta, Stuttgart 2013（ラルフ・ボルマン著、ドイツ人――アンゲラ・メルケルと私たち、クレット＝コッタ社）の全訳である。

アンゲラ・メルケルは、ドイツ初の女性首相として、日本でもよくその名を知られている。二〇〇五年に首相に就任した彼女は、二〇一三年、早くも三期目の任期に入り、長期安定政権の道を歩んでいる。

今や彼女は、ＥＵの命運をにぎる最重要人物として欧州政界に君臨しているといっても過言ではないであろう。そんな彼女の言動はたびたび日本のマスコミも賑わせている。二〇一四年のブラジル・ワールドカップ優勝戦で、ドイツ優勝に大喜びするメルケルの姿が世界中に報道されたのは微笑ましい光景だった。隣にいたプーチンロシア大統領も影が薄かったほどだ。国家の最高権力者でありながら、どことなくかわいらしい風貌が好感を持たれているものの、メルケルの出自や人となりは、意外なほど知られていないのが実情だろう。

アンゲラ・メルケルというと、旧東ドイツの出身というイメージが強いが、生まれは旧西ドイツのハンブルクである。アンゲラの父はプロテスタントの牧師であり、アンゲラの生後すぐに旧東ドイツの教会に赴任することになったので、これを機に、一家は旧東ドイツに移住した。メルケルの出自については、もう一つ重要な事実がある。メルケルの父方の祖父は、ドイツ人ではなくポーランド人であり、祖父がドイツに移住したのは第一次大戦後のことである。本書では、アンゲラ・メルケルのこうした出自とそれによってもたらされる影響について、きわめて繊細な筆致で考察されている。

旧東ドイツで成長したメルケルは、一九七三年にライプツィヒ大学（当時はカール・マルクス・ライプツィヒ大学）に入学し、物理学を学んだ。卒業後、東ベルリンの科学アカデミーに就職し、理論物理学を研究する日々を送っていた。一九八六年には博士号を取得している。

政治の世界では、日本と同様ドイツでも、二世議員のような強固な地盤や縁戚関係が必須のように思われるが、なんとメルケルは、三〇代を迎えるこの頃まで政治にはほぼ無縁の人生を送っていたのである。慎ましい女性研究者だったメルケルは、一九八九年、ベルリンの壁が開いた後に政治の世界に飛び込み、身を以て東西ドイツ再統一を経験した。彼女が現在に至るまで政治家の道を歩み続ける原動力は、まさにこの経験から生まれている。旧東ドイツという自分の国が消失したショックは、それほどにも大きく深いものだった。著者のボルマンは、国を失うという体験の衝撃に比べるなら、その後の彼女の人生における様々な経験など、なにほどでもなかったのだと分析している。

本書では、一国の首相として政財界をとりしきるメルケルの権謀術数ぶりはもちろんのこと、まだ幼くかわいらしい少女だったアンゲラの失敗談や、かつての研究者仲間が語る女性物理学者としての日常生活など、楽しくも興味深い記述が処々に見られる。若いメルケルが、英語を勉強するために英字新聞を苦労して購入したエピソードにも、旧東ドイツの質素な暮らしぶりが窺われ、著者のメルケルに対する好意が随所に感じられる。

ただ本文の末尾で言及されるイタリア語の「ゴベルナビリタ」(統治性)は、著者の思いが込められた重要な概念のようであり、メルケルとドイツ国民との今後を占うキーワードに思われる。だが本書ではさらりと触れられているにすぎない。その点がいくらか物足りなかったとはいえ、読後に余韻を残すところでもあった。

本書にあるとおりメルケルの政治的な柔軟さは、長期政権を維持するにあたって重要な才覚である。著者は、それを政治的変容主義として詳細に論じている。東西ドイツ再統一によって旧東ドイツが消えた時、メルケルがはかりしれないほどのショックを受けたと先に述べた。確かにそのとおりだが、それでは、統一後にメルケルが得られたものは何だったのだろうか。それは、日本人である私たちがあまりにも当然のように享受している「自由」である。メルケルは「私が定年退職するまでに自由が得られるとは思っていなかった」と、自由を得た喜びを生き生きと語っている。旧東ドイツが消失したことで初めて、メルケルは思想信条の枷に縛られることなく、柔らかに物事を考え、いつでも態度を変化させることができるようになったのだ。そうした自由の感覚が、メルケルの変容主義の底流にあるように思われる。

日本人がドイツに長く住んでもなかなかわからないことの一つに、宗教の問題がある。本書は、メルケル首相の持つプロテスタントとしての信仰心と政治的信念との関わりをていねいに描き出している。ドイツ人のローマ法王に対してドイツ首相としてメルケルがとった態度の分析や、メルケルの心に文化プロテスタント主義の傾向があるという著者の指摘は、ドイツ人の心情の最も深い部分に触れている。

著者のラルフ・ボルマンは、一九六九年、ドイツのバート・デュルクハイムに生まれ、現在はベルリン在住、気鋭のジャーナリストとして活躍している。テュービンゲン大学、ボローニャ大学、ベルリン・フンボルト大学で歴史学を専攻し、ドイツとイタリアの社会民主主義の比較に関する論文で修士号を取得した。ドイツのみならずイタリアに対する造詣の深さは、本書の随所に窺われる。一般にドイツ人というと、あまり食文化に関心を持たない印象があるが、本書には、ドイツを始めとするヨーロッパの食事に関する記述も認められる。国際政治に関する知的な分析や批判とは打って変わって、素朴な雰囲気の漂うドイツやイタリアの食事風景の叙述には、なんとも心和むものがある。なかでもイタリアとドイツを比較しながら、政治思想の傾向と食の好みについて論じるくだりは、他の政治評論や文化評論にはみられない個性的な記述である。著者の出身地バート・デュルクハイムは、温泉保養施設とともに毎年開催されるワイン祭りでも知られている。ボルマンの文章にみられるユーモアの感覚に加え、どこか素朴でナチュラルな雰囲気は、そうした郷土への愛着からも生まれているように思われる。

訳者は、外務省専門調査員として一九九八年から二〇〇〇年にかけて在ドイツ日本大使館に勤務した。日独双方の政治家を目にする機会もある在外公館勤務だったが、当時はシュレーダー政権だったので、メルケルの姿を直接見る機会は、残念ながらなかった。しかし本書の記述によれば、メルケルは、首相就任以降も劇場やオペラハウスに自ら足を運ぶそうである。演劇研究者でありオペラファンでもある訳者は、今も時にはドイツの劇場を訪れているので、いつか間近にお見かけするかもしれない――そんなひそかな期待を抱くようになったのも、本書に描き出された親しみやすいメルケル像のおかげである。

訳出にあたっては、できるだけ明快に、ドイツをそれほど知らない一般の読者にも分かりやすいものになるよう、心がけた。また、ドイツの地名や人名などは、調べのつく範囲で説明を加えた。ただし、訳者は政治経済の専門家ではないので、思わぬ誤解があるかもしれない。各方面から御教示いただければ幸いである。

本書を翻訳するお話をいただいたのは、二〇一三年に初めて訳者が、東京外国語大学で非常勤講師を務めた時である。東京外国語大学で教えることができたのは、教員としてこれ以上にないほど幸運なスタートだった。ここから思ってもみなかった様々な縁が広がっていったのであり、関係者の方々には言葉にならないほど感謝している。そのなかでも特に、経験の浅い訳者にもかかわらずお声を掛けて下さった阿部一哉氏、中田俊介氏に御礼申し上げたい。

また翻訳は一人ではできないものであり、多くの方々の御教示や先達が残してくれた訳例のおかげで本書も成立した。お一人お一人の御名前をここに挙げられないが、本当にお世話になった先生方や友人、知人に感謝の気持ちを伝えたい。そしていつも応援してくれる家族、とりわけ、あわて者の訳者に客観的な視点を教えてくれる夫、佐藤英に感謝している。

最後になったが、慧眼にも本書の価値を見出し出版に踏み切っていただいた株式会社ビジネス社の代表取締役、唐津隆氏と、仲介の労をお取りいただいた同文社代表取締役の前田和男氏、そして訳文について適切な助言をいただいた編集担当の斎藤明氏に、心から御礼申し上げる。

二〇一四年九月

村瀬　民子

【著者】
ラルフ・ボルマン　(Ralph Bollmann)
1969年、ドイツのバート・デュルクハイムに生まれる。ジャーナリスト・作家。テュービンゲン大学、ボローニャ大学、ベルリン・フンボルト大学で歴史学を専攻する。ドイツとイタリアの社会民主主義の比較に関する論文で修士号を取得。在学中からロイトリンガー・ゲネラール・アンツァイガー紙、南ドイツ新聞、ツァイト紙、ターゲスツァイトゥング紙等に寄稿する。1998年からターゲスツァイトゥング紙編集部に勤務し、2003年以降国内政治部長を務め、2008年以降は国会担当。2011年よりフランクフルター・アルゲマイネ新聞日曜版の政治経済部記者。ドイツで高い評価を得て現在も増刷を重ねる本書は、邦訳に加え中国語にも翻訳される予定である。『帝国礼賛——ローマの没落と西洋の未来』(Wjs、2006年)、『改革——ドイツの神話』(Wjs、2008年)、『デトモルトのワルキューレ』(Klett-Cotta、2011年)などの著書がある(いずれも未邦訳)。ベルリン在住。

【訳者】
村瀬民子　(むらせ・たみこ)
愛知県名古屋市生まれ。東京大学文学部卒業後ドイツに留学。1998年から2000年にかけ外務省在ドイツ日本大使館専門調査員。東京大学大学院人文社会系研究科修士課程修了、同博士課程満期退学。2013年に東京外国語大学でドイツ語非常勤講師を務める。現在、群馬大学、東洋大学他で教鞭を執る。ドイツの劇作家ハイナー・ミュラーに関する論文の他、訳書に『崩れたバランス／氷の下』(論創社、2009年、共訳)、『泥棒たち／黒い湖のほとりで』(論創社、2014年、共訳)がある。早稲田大学演劇博物館招聘研究員。

強い国家の作り方

2014年10月１日　第１刷発行

著　者　ラルフ・ボルマン
訳　者　村瀬民子
発行者　唐津　隆
発行所　株式会社ビジネス社
〒162-0805　東京都新宿区矢来町114番地
神楽坂高橋ビル5F
電話　03-5227-1602　FAX 03-5227-1603
URL　http://www.business-sha.co.jp/

〈カバーデザイン〉中村　聡　〈図版作成〉茂呂田剛(エムアンドケイ)
〈印刷・製本〉モリモト印刷株式会社
〈編集担当〉前田和男、斎藤明(同文社)　〈営業担当〉山口健志

ISBN978-4-8284-1770-7